地方高等院校
债务风险防控研究

廖志华 著

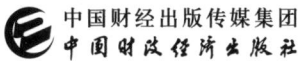

图书在版编目（CIP）数据

地方高等院校债务风险防控研究／廖志华著．－－北京：中国财政经济出版社，2020.6

ISBN 978－7－5095－9851－1

Ⅰ．①地… Ⅱ．①廖… Ⅲ．①地方高校－债务管理－风险管理－研究－中国 Ⅳ．①G647.5

中国版本图书馆 CIP 数据核字（2020）第 098868 号

责任编辑：胡　博　张晓丽　　　　责任印制：刘春年
封面设计：陈宇琰　　　　　　　　责任校对：胡永立

中国财政经济出版社 出版

URL：http：∥www.cfeph.cn

E-mail：cfeph@cfemg.cn

（版权所有　翻印必究）

社址：北京市海淀区阜成路甲28号　邮政编码：100142

营销中心电话：010－88191537

北京财经印刷厂印装　各地新华书店经销

787×1092 毫米　16 开　11.5 印张　155 000 字

2020 年 6 月第 1 版　2020 年 6 月北京第 1 次印刷

定价：58.00 元

ISBN 978－7－5095－9851－1

（图书出现印装问题，本社负责调换）

本社质量投诉电话：010－88190744

打击盗版举报热线：010－88191661　　QQ：2242791300

前言

高校债务作为公共债务的一种形式，其规范有效约束对于地方政府债务管理至关重要。近几年来，地方高校债务管理大体经历了从放任高校自行申请债务到政府主管部门严格审批高校新增债务额度、从高校可自行向银行举债到由财政统一发行政府性债券、从发行政府性一般债券到发行高校收益与融资自求平衡专项债券的发展历程，政府对高校债务的管理更加规范，权责划分更加清晰，对高校债务的管控也更加到位。

鉴于地方高校财务管理体制、经费保障方式和程度不尽相同，为尽可能得出规范性结论，本书通过粗略梳理我国高校经费主要来源情况，展示我国地方高校债务融资管理新进展，并对地方高校债务现状及风险进行分析，同时通过兄弟省市高校债务风险防范经验借鉴，以及国外高校债务融资管理的启示，提出了我国地方高校债务风险控制对策，以期能够对于指导地方高校债务风险的防范和化解、坚决守住不发生系统性债务风险底线提供管控思路和依据。归纳起来，本书的主要特点：一是立足地方融资现实。目前相当地方高校在建设方面较为头疼，特别是有新校区建设的高校，一方面确实需要融资负债，另一方面又要防范债务风险。对于如何找到平衡点，本书以广西为例进行深入分析，进行了有益的探索。二是善于总结提炼经验。尤其是系统地提炼归纳了广东、浙江、江苏、安徽、重庆等省市化解高校债务的做法经验。三是具有一定国际视野。通过分析国外相关高校融资管理情况，提供了防范高校债务风险的启示。四是注重建立长效机制。比如建立监测预警体系，明确政府与高校的权责关系、有序引导高校债务融资、引入大数据防控平台管理等，这样才能从根本上解决问题。

本书汲取了"广西高校债务风险控制研究"课题的研究成果。该课题组成员除笔者外，还包括广西财政厅黄绪全副厅长、王桂轩副处长和罗艺老师，广西财经学院唐剑波老师、孙晓夏老师，他们为本课题付出了艰辛努力，在此表示衷心的感谢。尤其令笔者感动的是，唐剑波老师在繁忙的工作之余，还详细认真地审核了本书全稿，并且提出了许多建设性修改意见，使本书增色不少。在此再次表示诚挚谢意。

在本书写作过程中，作者大量参阅了其他学者的研究成果，借鉴了宝贵的经验，但因篇幅所限以及本书内容架构等特点，实在难以逐一详细列明出处，只能在此一并说明并特此致谢。

在本书出版之际，由衷感谢中国财经出版社张晓彪先生和其他相关工作人员，他们为本书出版付出了辛劳。

囿于笔者学识水平、理论功底、个人视野和实践经验等，本书中难免存在诸多不足和疏漏之处，恳请读者批评指正。

作　者

2019 年 12 月于南宁

目录

导论 /1

第一章 高校经费来源与债务风险 /9
第一节 高校经费来源 /11
第二节 高校债务融资及管理 /16
第三节 高校经费来源借鉴与启示 /18

第二章 地方高校债务融资管理新进展 /27
第一节 严管态势下政策更趋透明 /29
第二节 多元化的债务融资渠道 /35
第三节 日趋成熟的监测预警体系 /38
第四节 债务管理水平不断提升 /44

第三章 地方高校债务现状及风险分析——以广西高校为例 /49
第一节 高校债务规模持续攀升 /51
第二节 高等教育发展经费缺口巨大 /53
第三节 现有财政拨款制度覆盖不均衡 /60
第四节 高校收入来源与债务结构不合理 /63
第五节 高校发展规划对债务融资指引不足 /66
第六节 高校面临较大偿债压力 /72
第七节 高校债务监管环节依然薄弱 /83

第四章 国内外高校债务风险防控管理 /91
第一节 国内高校债务风险防控管理 /93

第二节 国外高校债务风险防控管理 /100
第三节 国内外高校债务风险防控管理启示 /103

第五章 建立科学合理的财力保障制度 /107

第一节 明确政府与高校间权责关系 /109
第二节 改革高校生均拨款制度 /113
第三节 适当提高高校收费标准 /120
第四节 鼓励和引导民间资金投入高校 /127

第六章 构建完善地方高校债务风险防控机制 /133

第一节 健全高校债务管理机制 /135
第二节 中期财政预测推进高校有序偿债 /140
第三节 构建高校债务风险防控大数据平台管理 /150
第四节 完善高校债务风险管控机制 /159

结束语 /172

参考文献 /173

导 论

根据《2019年全国教育事业发展统计公告》，2019年全国高等教育在校人数总规模达到4002万人，较2000年1229万人增加2773万人，增长了2.26倍；全国共有普通高等学校2688所（含独立学院257所），其中，本科院校1265所，高职（专科）院校1423所；高等教育毛入学率由2000年的12.50%升至2019年的51.60%，已基本完成了高等教育由"精英化教育模式"向"大众化教育模式"的转变，提前实现了《国家教育事业发展"十三五"规划》提出的至2020年实现高等教育毛入学率达到50%的目标，实现了高等教育全面普及化。2019年2月中共中央、国务院印发了《中国教育现代化2035》，提出教育现代化的十大战略任务之一是推动各级教育高水平高质量普及，全国高等教育已进入到普及化发展的攻坚阶段，启动于2019年的高职院校扩招100万计划更是吹响了高等教育普及化的号角。

作为我国高等教育体系的主体部分，隶属各省、自治区、直辖市，靠地方财政供养、由地方财政部门划拨经费的地方普通高等院校，以服务区域经济社会发展为目标，着力为地方培养高素质人才，亦迎来了快速发展的全新阶段。

一、研究背景与意义

（一）研究背景

1999年的扩招政策实行以来，高校纷纷以此为契机扩大高校规模，推动了全社会对高等教育发展的要求。地方高校有着其自身的特殊性，为解决资金匮乏的矛盾，负债办学更是成为其教育发展的一个重要特点。但由于我国的地方高等教育管理体制的缺失，以及政府政策和银行内控机制不健全等因素的存在，导致许多地方高校都发生巨额的银行债务，部分地方高校入不敷出，已影响到高校的进一步发展甚至威胁到高校的正常运行。如何缓解地方高校债务压力，避免陷入严重债务危机以及如何有效解决高校贷款问题，促进高等教育健康、可持续发展，迫在眉睫。

近年来，党和政府高度重视政府债务风险防范化解工作。习近平总书记在十九大报告中指出："要坚决打好防范化解重大风险、精准脱贫、污染防治的攻坚战，使全面建成小康社会得到人民认可、经得起历史检验。"在2018年中央财经委员会第一次会议上进一步指出"防范化解金融风险，事关国家安全、发展全局、人民财产安全，是打赢打好三大攻坚战的关键举措，是决胜全面建成小康社会的伟大实践，是实现高质量发展必须跨越的重大关口"。李克强总理在2018年政府工作报告中强调"要坚持实施积极的财政政策和稳健的货币政策，加强地方政府债务管理监督，严禁各类违法违规举债、担保等行为，积极稳妥处置存量债务，健全规范地方政府举债融资机制，防范化解重点领域风险，守住不发生系统性风险的底线"。高校作为重要的事业单位，高校债务风险防控是政府债务管理的有机组成部分，特别是地方高校债务风险防控尤为重要，因我国区域经济发展的不平衡，导致靠地方财政供养、由地方财政部门划拨经费的地方高校投入不均，易出现借贷行为。对地方高校债务进行合理有效的风险管控，既是确保地方高校稳定有序运行的重要举措，又是地方政府合理管控债务、坚决守住不发生系统性债务风险底线的重要任务。

（二）研究意义

债务是一把"双刃剑"，一方面能够帮助地方高校解决发展资金需求的问题，有利于改善地方高校办学条件，提高教学水平；另一方面，过度的负债则会导致地方高校承担较重的债务偿还压力，甚至出现地方高校不能按时偿还银行贷款本金和利息，从而影响到地方高校的健康可持续发展。地方高校债务风险将伴随高校发展而不可回避，对地方高校债务风险防控的研究具有重要的意义。

1. 有利于对地方高校债务风险进行准确的研判

中国高等教育自扩招以来的跨越式发展，从理论界到政府、高校、银行都没有做好准备，对地方高校随着扩招之后的大规模举债建设行为未能形成预见，对地方高校的债务风险未能提前进行预判。地方高校的举债行为基本处于一种失控的状态，举债的方式、渠道、规模、还款方式、利率水平、贷款监管等都存在严重的管理缺陷。本书在总结以往研究的基础上，就地方高校债务风险现状做进一步的分析和讨论，对地方高校债务存在的风险问题进行更加深入地研判。

2. 有利于避免潜在的债务风险转变为现实

对于地方高校债务风险，如果未能提前做好预防，做出有效的应对措施，债务风险没能得到有效的控制，将有可能转化为现实的债务危机。债务危机一旦出现，对政府、高校、银行都会造成严重的不良影响和难以挽回的后果。对地方高校债务风险防控进行研究，针对地方高校可能存在的各种风险提出一定的预防和处置对策，将可能发生的风险危害降到最低，有利于防止地方高校债务风险转化为债务现实。

3. 有利于保障地方高等教育事业平稳快速发展

近年来，由于国家和地方财政压力增加，特别是部分西部省份财政压力一直难以得到缓解，地方财政对高等教育的投入难以满足现阶段地方高校发展的资金需求，举债发展将是长期困扰地方高校的一个问题。在国家推进建设"双一流"高校的进程中，许多地方高校大力加大学校基础设施建设和更新，受制于财政拨款增长的影响，大部分地方高校依然以向银行寻求贷款甚至加大贷款力度的方式发展。针对这一现状，在国家加强地方政府债务管理的大背景下，对地方高校债务风险防控管理进行研究，将有利于促使地方高校向一个长期良性循环的趋势发展，以保障地方高等教育事业平稳快速发展。防控地方高校债务风险，不仅仅要解决地方高校目前的债务危机，归根结底要建立起地方高校债务风险防范与控制的长效机制。

二、研究思路与研究方法

（一）研究思路

本书首先在对我国高校经费来源的路径、面临的问题、高校收费管理、对我国高校债务融资管理新进展等,特别是地方高校面临的特殊问题进行分析,通过对广西高校的案例分析,解析我国地方高校的债务现状及风险分析,借鉴国内外其他院校在高校融资管理及风险防范经验,提出我国地方高校债务风险防范措施及建议。

(二) 研究方法

本书的研究方法主要有以下特征:

1. 注重实地调研与文献研究相统一

实地调研是通过访问、观察和实验等方法获取第一手资料和情报,获取直接经验的一种调查方法。文献研究法又叫文献查阅法,是通过对研究问题的文献进行查找、阅读、研究,了解其研究的现状、存在的问题,是一种有别于直接实践获取认知的间接经验法。本书中,充分体现了实地调研和文献研究方法的统一。比如,获取地方高校新区建设债务、教育经费支出明细、样本地方高校资产负债表以及经费收支等方面的数据;了解我国地方高校新区建设的总体概况、特征以及债务治理的一些政策建议;通过图书资料、电子期刊和国际互联网的检索,全面掌握有关高校债务研究进展和相关理论等。

2. 注重定性分析与定量分析相统一

定性分析是运用归纳和演绎、分析与综合以及抽象与概括等方法,对获得的各种材料进行思维加工,去粗取精、去伪存真、由此及彼、由表及里,达到认识事物本质、揭示内在规律。定量分析是对事物本质的数量特征、数量关系与数量变化的分析。本书中,注重定性与定量分析相结合,以广西高校为例定性、定量地分析了地方高校债务现状及存在的风险,重点阐述了广西高校的债务规模、债务结构、经费缺口、偿债能力、负债风险等问题。

3. 注重比较分析和系统分析相统一

比较分析是对研究对象进行横向或纵向比较,把握其特征和变化规律的一种常用的方法。系统分析方法是一种起源于系统科学的方法,是指把研究对象纳入一个系统之中,对系统各要素进行综合分析的方法。本书中,采用比较分析和系统分析方法,阐述了国内外高校债务风险防控管理措施的差异性及其优劣,在比较对比过程中突出系统整体最优原则,提出了国内地方高校财力保障制度与债务风险防控机制。

第一章

高校经费来源与债务风险

第一节　高校经费来源

高等教育作为人才培养的最高阶段，为整个社会源源不断地提供高水平、高素质的现代化人才，是推进国家发展，实施人才强国战略，提高一个国家综合国力和国际竞争力的关键所在。高等教育事业的发展需要大量的经费投入，在我国，现阶段政府仍然是教育投入的主体。由于国家财政能力水平的限制，我国高等教育领域面临的经费情况依然非常复杂。近年来，为适应经济全球化、高等教育精英化向大众化发展的趋势，我国高等教育规模不断扩大。在我国财政收支格局的现实情形下，国家财政"僧多粥少"的情况使得对高等教育的整体性投入相对不足。此外，不同层次的高校间的教育经费来源，以及高校自身内部的教育经费来源结构也都存在明显的差异和诸多不合理的问题，办学层次越低的高校，其经费来源形势越是不利。但随着我国经济社会的发展，稳定的教育经费来源结构也是高校健康发展的前提和保障。

一、高校经费来源日趋多元化

高校经费来源是指高等学校开展教学、科研及其他活动依法取得的非偿还性资金。我国高校的经费来源受整个社会经济、政治、文化的影响，经费来源渠道正在经历着从单一化向多元化的转变，由以政府财政拨款为主向国家、社会、学校、集体与个人的多元化来源转变。

现阶段，我国高校教育经费的来源主要由五个部分组成：

（1）财政性教育经费：包括公共财政预算教育经费（高等教育事

业拨款、科研拨款、基础建设拨款等项目）、各级政府征收用于教育的税费、企业办学中的企业拨款、校办产业和社会服务收入用于教育的经费等。

（2）社会团体和公民个人办学经费：包括社会团体和公民个人举办的、各级各类学历教育和非学历教育机构的教育经费。

（3）社会捐资集资办学经费：包括社会组织、企业和私人力量对教育的资助和捐赠的经费。

（4）向受教育者个人收取的学杂费。

（5）上述各项教育经费以外的其他收入。

上述五个部分是现阶段我国高校教育经费主要来源路径。虽然不同层次、区域、属性的高校教育经费来源不尽相同，但在所有的经费来源中依然还是以政府的财政投入和学杂费占主导地位，其他补充渠道筹措教育经费为辅、所得收入占整个教育经费总额的比例不高。

二、高校经费来源面临的问题

（一）经费来源结构不均衡

现阶段我国高等学校的经费来源虽然随着时间的推移，逐渐形成了多元化的经费来源结构，但是实际上大部分的经费来源主要还是来自政府预算补助，经费来源方式较为单一，难以保障整个高校正常的运行。特别是在社会捐赠等方面的资金来源所占比重太小，主要是因为：目前缺乏有效的激励机制和配套的政策法规，《中华人民共和国公益事业捐赠法》中的免税制度条件比较苛刻，《中华人民共和国个人所得税法》还规定纳税人必须通过非营利的社会团体和国家机关向高校捐赠才可免税，增加了捐赠的难度和成本；筹款数量少，缺乏正常的、有序的、制度化的捐赠形式；我国没有形成对高校捐赠的文化和传统，我国传统儒家文化使得家族观念较强，很少有人会愿意主动将自己的财产捐赠。

此外，近年来国家对高校的预算拨款也在调整，意味着仅靠这种途径，或者大部分依靠这种形式是无法保障学校可持续发展。虽然多元化的经费来源格局解决了一部分问题，但所占的比例较小，经费来源结构不均衡，仍旧没有从根本上解决问题，不利于高校的长远发展。

（二）经费来源管理不完善

我国高校在逐渐形成了多元化的经费来源结构时，就需要建立起一个与之相适应的经费来源管理系统。但实际上我国许多高校都还没有形成一个完善的、科学的经费来源管理系统，没有对所有的经费来源途径进行合理的划分和统计。经费来源管理不完善，无法对各种经费来源进行了解和分析，以便寻找更好更合适的经济来源。同时，在经费的使用上，许多高校都没有制订一个有效的规划，对该支出的、不该支出的进行详细地表明和注解，导致高校可能会将有限的经费花在不必要的开支上，亦会导致本应该可以用更少的经费即可完成的事情却使用了更多的经费，造成了经费的浪费，加重了整个高校的负担，对正常教育工作形成阻碍。

（三）相关政策未得到有效实施

为了促进教育事业的发展，长期以来各级政府都尽了最大努力，亦颁布了一系列政策，以更好地推动实施。但在实施过程中，国家所颁布的相关政策没有得到很好的实施。诸如在教育成本的补偿上，其潜力还没有得到更好地挖掘，国家的成本补偿政策虽然在一定程度上缓解了高校经费压力，但还是没能达到一个好的效果。亦没有合理的利用学生的贫富差异、外来的捐赠以及学杂费的收取来对经费进行合理安排与规划，也没有适时的挖掘其他的成本补偿途径，使经费能够支撑高校的运作和长期发展。

三、地方高校经费来源面临的特殊问题

高等教育的规模发展，离不开地方高等院校的巨大贡献。截至

2019年12月,我国共有普通高等学校2956所(含独立学院257所),其中118所高校为中央部委所属院校,即中央高校,地方管理的高校为2838所。地方高等院校是我国高等教育的主力军,承担了更多的"扩招"责任和压力。由于中央高校和地方高校的经费来源总量、结构、方式等存在较大差异,导致地方高校在经费筹措方面面临不同于中央高校更多的、更独特的问题。

(一)地方高校经费来源总量低

随着高等教育规模的发展和教育财政改革的深入,地方高校的经费来源取得了很大发展。但与中央高校相比,经费来源总量上的差异比较明显。2018年教育部直属高校年度决算总经费已超过4000亿元,其中清华大学276.44亿元、浙江大学191.92亿元、北京大学189.17亿元、上海交通大学178.71亿元、中山大学130.53亿元、复旦大学114.99亿元、华中科技大学103.92亿元、武汉大学99.91亿元、同济大学97.74亿元、吉林大学97.24亿元。而其他大多数地方高校年度经费少于10亿元,相比教育部直属高校等重点高校相差数倍。2017年地方普通高校生均教育经费支出为25151.20元,中央普通高校生均教育经费支出54777.28元,相差超过1倍。

总体来看,相比教育部直属高校动辄几十亿元甚至上百亿元的年度经费,地方高校年度经费要少很多。可以说地方高校面临的资金压力比中央高校更大,也说明地方高校在提高教学、科研质量等方面任务更为繁重而艰巨。

(二)地方高校科研经费来源少

由于地方院校在基础条件、师资队伍、生源结构、经费投入等方面与中央高校都存在一定差距,导致地方高校在获取科研经费的能力上,与中央高校有一定差距,造成地方科研经费来源少。在2017年高等学校科技统计资料汇编中,统计的中央及部委所属93所院校合计获得科研经费934.85亿元,校平均科研经费10.05亿元,而统计的1667所地方高校中合计获得592.15亿元,校平均科研经费3552万元,相差极大。

（三）地方高校经费来源地域不均衡

地方高校经费收入差距巨大。在广东、浙江、山东、上海、四川、河北、湖北、辽宁、甘肃等全国9大省（市）90所地方高校中，2018年广东10所高校总经费最多，达到173.83亿元，平均每所高校达17亿元；浙江10所地方高校总经费达到127.08亿元，平均每所高校经费达到12.7亿元，仅次于广东；山东、上海和四川10所地方高校总经费相当，总经费在100亿元左右；河北、湖北和辽宁10所地方高校总经费少于100亿元；甘肃总经费仅为30亿元左右，平均每所高校仅为3亿元左右，远低于广东、浙江、山东等东部发达地区的高校。广东10所高校经费是湖北和辽宁10所经费最多的地方高校的2倍以上，是甘肃地方高校的5.2倍。近年来科研水平、学科建设、人才引进等方面发展迅猛的深圳大学年度总经费最多，达到近50亿元，远远超出其他地方高校。除深圳大学外，年度经费超过20亿元的地方高校还包括广州大学、浙江工业大学、宁波大学、上海大学、南方科技大学等，年度经费超过10亿元的地方高校共有35所，占比不到40%。年度经费超过10亿元的高校主要集中在广东、浙江、上海等省市，河北、辽宁和甘肃大多数地方高校年度经费少于10亿元。

除各省的地方高校年度经费差距较大外，同一省份地方高校经费差距也较为明显。2018年，深圳大学年度总经费达到近50亿元，而同处广东省的汕头大学总经费为7.40亿元；上海大学年度总经费达到22.40亿元，而上海电力学院总经费为5.97亿元；浙江工业大学总经费达到25.70亿元，而浙江海洋学院总经费为8.56亿元；等等。

不同地方高校之间巨大的经费差距，可能导致不同地方高校发展水平差距进一步拉大，不利于我国高等教育的整体协调发展。

第二节 高校债务融资及管理

一、高校债务融资必要性与可行性

（一）高校债务融资必要性

目前，国内不少大学都将学校建成"国内一流、国际知名"的大学作为奋斗目标，特别是作为我国高等教育体系主体的地方高校，急须借助国家"双一流"建设契机，实现跨越式发展，学校必然需要大量的资金支持。但是，鉴于国家和地方财政压力增加，特别是部分西部省份财政收支矛盾一直难以得到缓解，国家对高校投入的资金以及高校自身的资本积累仍然有限的，因此高校要在竞争中求得生存和超常规的发展必须解决发展与资金供给的矛盾。而要解决这一矛盾，高校必须解放思想，转变观念，克服"等、靠、要"的思想，借鉴企业的发展模式，广开筹资渠道，合理利用债务融资，借别人的钱、明天的钱来发展今天的高等教育，以不负历史赋予我们的神圣使命。

（二）高校债务融资可行性

《中华人民共和国高等教育法》明确规定："高等学校自批准设立之日起依法取得法人资格，高等学校的校长为高等学校的法定代表人，高等学校在民事活动中依法享有民事权利，承担民事责任。"可见，高等学校作为面向社会、依法自主办学的法人实体，具备向社会贷款的资格。其次，随着银行商业化进程的加快，银行之间的竞争日趋激烈，银行的风险意识也日益加强。

银行对传统国有企业的贷款因风险太大而不敢轻易放贷，对其他行业的贷款也难以启动。而银行的资金贷不出，就不会产生效益。因此，银行一直在寻找新的资金市场。而高等学校却是一个巨大的安全可靠的资金市场，而且，随着高校招生规模的不断扩大、校办产业的发展以及财务管理水平的提高，高校的造血功能大为加强，不少高校的经费收入等自有收入每年不断增加，可以说已具备一定的偿债能力。

二、高校债务融资风险与原则

我国《高等学校财务制度》规定：高校负债是指高校所承担的能以货币计量，需要以资产或劳务偿还的债务。高校的债务主要包括借入款、应付及暂存款、应缴款项和代管款项等。《高等学校会计制度》规定：借入款是指高校从财政部门、上级主管部门、金融机构借入的有偿使用的款项，包括科研借款、周转金借款、其他借款等；应付及暂存款是高校应付、暂收的各类款项，包括应付货款、预收款、暂存款等；应缴款项包括高校收取的应当上缴财政国库的资金和应当上缴财政专户的资金、应缴税费以及其他按照国家有关规定应当上缴的款项；代管款项是高校接受委托代为管理的各类款项，包括党费、团费、学生会会费、学会会费、工会会费等。

高校债务融资是一把"双刃剑"，它既有有利的一面，也有消极的一面。首先，通过债务融资，高校可以加快实验室、重点学科以及基础设施的建设步伐，提高学校的综合实力和整体水平。其次，破产机制和债权人专家式的监督，有利于促使高校合理使用资金，把有限的资金用在刀刃上，提高学校资金的配置效率。当然，如果高校对债务融资的规模把握不当、管理不善，债务融资会使学校的财务风险加大，导致财务状况不佳，学校声誉下降，人才流失，甚至发生生存危险。

因此，高校在进行债务融资时，既要面对学校的现实需要，也要注重科学与方法，按照合法、合理、注重风险防控的原则。

（一）合法性原则

贷款融资必须遵守国家有关财经法律法规，按照《中华人民共和国商业银行法》《贷款通则》等要求，严格执行贷款程序、贷款人的义务和还款计划。

（二）合理性原则

贷款在给学校建设注入资金的同时，也带来了资金的压力，必须认真考虑需要的量是否合理，不能盲目贷款。所贷的款项必须经过科学论证，建立在学校未来发展的总体规划的基础上，数额最好不要超过学校的承受能力。同时，贷款项目必须是学校建设急需的教学设备、基础实验室的改造、基本建设及公共设施建设等，贷款不能用于日常经费开支，不能用于改善人员福利待遇等。

（三）风险性原则

用贷款融资的方式发展教育是学校实施超常规、跨越式发展的举措，这个举措本身就隐含一定的风险。没有风险，就不叫超常规、跨越式，但要合理规避贷款风险，就要强调所贷款项的合法性、合理性，对还贷资金要有相对稳定的来源和可行的还款计划，并落实贷款人及经济责任制，这样贷款时才能从容面对，避免财务风险的出现。

第三节　高校经费来源借鉴与启示

一、世界一流大学经费来源渠道

建设世界一流大学需要巨大的资金投入，在长期的办学过程中，世界一流大学特别是美国的高校在经费筹集方面也积累了丰富的经验。世界一流大学的经费受到学校性质（公立、私立和社区学校）不同的影响，经费来源结构比重有很大的不同。归纳起来，主要有以下几种渠道：

(1) 政府资助与拨款。

(2) 学杂费：学杂费是美国私立高等院校最重要的财源。

(3) 捐赠收入：捐赠收入在各校之间差距较大，私立大学最多高达70%，公立大学一般也有10%左右。

(4) 其他收入：包括校企合作收入、教育债券等。

目前，美国高校对教育捐赠已步入专业化、市场化的运作，并形成了日益完善的制度，积累了大量的成功经验：

(1) 政府制订了一系列鼓励捐赠的法律法规。一是对捐赠者的不动产捐赠实行优惠政策和对捐赠者实行个人所得税的减免税政策。二是制定特殊政策鼓励大学募捐：包括配套资金（matching fund）政策和税法优惠（tax benefits）政策。

(2) 设立专门负责教育捐赠事务的组织机构，且捐款形式多样化。比如基金会专门管理教育捐赠资金；校友会专门负责联系校友并筹款。美国的募捐常见形式有：现金捐赠、增值证券捐赠、不动产所有权捐赠、有形资产捐赠、延展捐赠、寿险捐赠、信托捐赠、企业对等认捐等。

(3) 在全社会范围内形成了深厚的捐资助学的文化氛围，并且捐赠资金能够得到有效的利用。美国殖民地时期的九大学院包括宾夕法尼亚大学、哈佛大学和耶鲁大学，都是通过捐赠成立的，形成美国独一无二的捐赠文化。同时，在美国高校，会有专门的投资委员会具体负责捐赠基金的投资运作。

二、世界一流大学经费来源变化

近些年来，受世界金融危机和经济放缓的影响，各国高校的筹资策略也发生了变化，部分世界一流大学经费来源渠道也随之发生变化。通过分析其经费来源结构的特征，特别是筹资措施的新变化、新经验，可为我国世界一流大学的经费筹集提供借鉴。

世界一流大学的经费来源主要包括科研经费、捐赠及其投资收入、学费、政府拨款和其他收入（包括附属企业、医疗服务和教育活动）。近年来，从世界各一流大学经费来源结构的变化，可以发现以下几个特征：

（1）科研经费总量增加，占比呈下降趋势。科研经费的总量都有较大增长，哈佛大学从2005年的6.3亿美元增长到2014年的8.2亿美元，增长30%；斯坦福大学从2005年的9.7亿美元增长到2014年的12.7美元，增长31%；加利福尼亚大学伯克利分校从2006年的5.1亿美元增长到2014年的7.1亿美元，增长39%。2005~2009年，哈佛大学和斯坦福大学所占比例持续下降，2009~2011年有所回升，但2011年之后又呈下降趋势；2006~2008年，加利福尼亚大学伯克利分校该比例下降，2008~2010年有所回升，2010年后持续下降。

（2）地方政府对教育的投入整体下降明显。2006~2014年，加利福尼亚大学伯克利分校州政府教育投入数量和所占收入百分比有所波动，但是整体大幅下降。对于公立大学，政府投入，特别是州政府拨款是其经费的主要来源之一。

（3）私立大学的捐赠及投资收入明显增长。面对科研经费和政府财政投入减少的压力，世界一流大学为了保持其卓越地位，吸引和保留全球最好的教师和学生，都在积极探寻或扩大其他经费来源的渠道，以保证总经费的不断增长。对于私立一流大学而言，增加捐赠与投资收入是一个明显的趋势，并成为了私立一流大学的重要经费来源。私立大学的捐赠及投资收入要高于公立大学。

（4）公立大学学杂费增加明显。面对学校财政收入减少的压力，公立大学主要措施之一是增加学杂费的收入。近年来，加利福尼亚大学伯克利分校等一些著名大学加大外国留学生的招生规模，其重要目的之一就是通过收取留学生较高学费来增加学校的收入。

（5）部分大学的其他收入有所增长，其他大学变化不大。其他收入主要为世界一流高校所属教学医院收入、附属企业收入或出版社收入，这些收入均有所增加。

三、对我国高校经费筹集的启示

(一) 增加对高校的投入渠道

高等教育是一个成本递增的产业，特别是建设世界一流大学需要吸引世界最好的教师和学生，需要一流的教学和科研设施，需要有持续和巨大的经费投入。这些年，我国高等教育经费有了较大增长，尤其是"985工程""211工程""优势学科创新平台"以及"双一流"等项目的实施加大了对建设世界一流大学和高水平大学的投入，有些学校已经接近或超过了部分世界一流大学的经费收入水平。但是整体而言，我国重点建设高校的经费收入与世界一流大学还有较大差距。当前，我国经济发展进入新常态，建设我国世界一流大学应借鉴国外有益经验，多渠道筹集资金，完善政府、社会、学校相结合的共建机制，形成多元化投入、合力支持的格局。

(二) 加大政府的投入力度

2012年，我国财政性教育经费占GDP的比例实现了4%的目标，这是一个历史性的突破。近年来，国家财政性教育经费支出占国内生产总值比例达到并持续保持在4%以上，确保一般公共预算教育支出逐年只增不减。建设世界一流大学是国家战略，而且作为公立大学，政府应该作为主体投入。2019年北京大学和清华大学财政拨款收入均在50亿元以上，位于教育部直属高校的第1名和第2名；浙江大学、吉林大学、武汉大学、四川大学、华中科技大学、上海交通大学、复旦大学和山东大学，教育部财政拨款收入均在30亿元以上，其中浙江大学财政拨款收入达到40.09亿元，仅次于北京大学和清华大学。

(三) 按教育质量设定学费标准

目前，我国高校同一专业的收费在同一地区是基本相同的，与学校的类型与水平没有关系。按照"谁受益、谁付费"的原理，接受更高质量的教育应该支付更高的学费。此外，由于高水平大学，为确保高质量的教育，特别是建设世界一流大学需要更高的办学成本。因此，我国重点大学可收取比一般院校较高的学费。

（四）推进捐赠与投资收入

我国普通高等教育经费收入中捐赠所占比例较低。北京大学、清华大学和浙江大学三校的捐赠收入比例平均为2%，远远低于世界一流大学的捐赠收入。由于捐赠收入低，而且缺乏专业的基金管理公司经营等原因，其投资收入也较少。因此，国家应进一步完善捐赠政策，激励企业和个人更多地投资我国高等教育。高校应运用专业的基金管理公司，运营管理资金，实现资金投资效益的最大化。同时，高校也应不断提高自身人才培养质量和科研水平，以吸引更多社会捐赠资金，形成学校知名度、综合发展实力与社会捐赠之间的良性互动。

首先，政府要为教育捐赠提供政策引导和制度上的保障。政府要鼓励社会对教育的捐赠，以法律和法规形式加以规范和管理，完善与教育捐赠相关的税收制度，从法律制度层面上修改目前的《中华人民共和国捐赠法》和有关税法的相关条款，对捐赠者进行税收方面的减免、为教育捐赠提供激励机制。其次，高校可成立筹集资金专门的机构，设立发展部或关系部、基金会等专门的机构和人员，建立专门的募捐委员会，保障捐赠工作的顺利开展。最后，在全社会乃至全世界形成捐赠的氛围，培育捐赠文化。

（五）优化高校发展战略

学科设置较全，基础学科实力雄厚，可以获得国家较多的基础研究项目；工科专业强势，可获得较多国家和企业的重大工程项目，因此科研经费多，从而为学校经费的增长提供了重要的来源。高水平的法学院、设计学院和商学院等，其学费较高，也为学校收入增加提供了重要的渠道。因此，高校应优化完善学校发展战略，合理布局学科结构，进一步加强基础学科、工程学科以及一些人文社科专业，扩大留学生的招生规模。

（六）提高经费使用效益

在多方增加投入的同时，高校应科学配置资源，保证经费的科学合理支出，提高经费的使用绩效。加强办学理念和体制机制改革，建立和完善现代大学制度。

四、我国地方高校经费来源拓展

我国地方高校经费来源中，学杂费收入依存度高，而科研服务经费收入低，这与地方高校大多数是教学为主、科研实力和社会服务能力相对较弱、自身筹集经费收入的能力不足有关。此外，由于区域经济发展的不平衡，地方财政实力以及对所属高校的财政支持力度不同，导致地方高校普遍存在着经费收入来源总量低，内部结构不合理等问题。

近年来，国家持续加大对高等教育的投入、中央财政加大对地方高校的支持以及地方经济的不断发展等，都为地方高校进一步拓展经费来源提供了机遇，为地方高校改变经费收入结构拓展了空间。

（一）强化拓展政府财政经费

政府财政经费拨款永远是高校资金来源的主渠道，也是地方高校经费收入来源拓展的主方向，该渠道的拓展受到地方政府对地方高校的支持力度、地方经济发展水平等影响。

一是，地方高校应全面整理了解不同资金来源渠道的财政主管部门、教育主管部门和科技主管部门相关信息，掌握其工作规划、资金支持动态变化以及资金拨款的安排和动态趋势。二是，优化规模结构，特别是学生专业类别和层次类别结构优化，改变过去单纯依靠学生规模扩张来实现学校资金来源的增加。三是，积极整合资源，要通过资源的内部整合实现专项实力的增强，为专项资金的申请提供强大的支撑，积极争取竞争性专项拨款。四是，不断增强服务区域经济社会发展能力，地方政府越来越认识到高等教育的重要性，认识到地方高校对地方经济、社会发展的贡献，政产学研的合作发展将更加广泛和深入，地方高校为地方经济社会发展服务的需求更多，地方高校可以从地方经济社会服务中获得更多的地方政府财政经费投入。

因此，地方高校应充分把握国家和地方财政政策，针对其自身区位、学科建设、人才队伍、科研实力、社会服务能力以及当地经济社会发展水平，加大与地方经济社会发展的战略融合，提升服务地方经济社会发展能力和水平，积极拓展地方财政经费收入。

（二）扩大办学规模，提升办学层次

扩大学校的招生规模和提升办学层次是拓展高校自身资金来源渠道的直接形式，地方高校经费来源主要依托于学校利用自身办学规模、层次。根据财政定额拨款方式的规定，高校的学生规模直接影响着学校的学费资金和财政定额拨款资金量，高校学科专业分布越广，学校可招生的学科专业也就越多，在校生规模越大，学费收入资金和财政定额拨款资金也就越多；学校的办学层次同样影响着财政定额拨款量，高校的办学层次越高，可招生学生就越多。

（三）增强服务地方经济社会发展能力

通过提高服务地方经济社会发展意识，增强服务地方经济社会发展能力，促进地方经济发展获得更多的地方财力支持。地方高校因其特有的地理位置和隶属关系，其学科发展和科学研究往往具有更强的地方特色，与地方经济社会发展的紧密度更高。因此，如何针对地方经济社会发展需求，走一条服务地方经济社会发展和自身发展的双赢之路，是地方高校经费收入来源拓展的一个重要战略。

随着产学研合作的深入，争取企业经费投入已成为各高校积极争取的重要经费收入来源，获取企业经费支持的主要形式有：技术转让和服务、培训、共建实验室（教学实训基地）以及仪器设备捐赠、奖助金捐赠或货币资金捐赠等。地方高校与中央高校相比，其科研实力和人才实力存在一定差异，但其有着鲜明的地方特色，其获得企业资金，特别是本地企业资金有着更强优势。所以地方高校应立足于服务本地经济社会发展战略，强化产学研合作，强化服务地方经济建设能力，以获得更多的企业科研资金支持和本地社会捐赠等资金。

（四）加大产业投资、资产出租等业务

随着我国高校产业管理体制改革的深入，高校掀起了大办产业的热潮。发展校办产业是高校服务社会职能的重要体现，特别是地方高校立足区域经济社会发展，发挥高校服务社会优势的重要途径，也符合高校产教研融合模式，高校发展校办产业所取得的收益可以有效弥补高校经费来源不足等问题。强化对资产的科学化管理，提高高校资产管理的信息化和智能化水平，合理有效的租售校内资产，提升资产的利用率和使用效益，亦可增加高校经费收入。

（五）积极拓展无偿捐赠经费来源

积极拓展争取个人的无偿捐赠经费，建设完善的校友联系制度，建立从招生、教学和毕业后的整套校友资料库，建立主动的联系制度，克服校友工作仅仅为杰出校友服务的短视行为。

经费收入来源的拓展策略并不存在唯一正确或最优的方式或途径，每个高校的地理位置、发展历史、学科水平、专业结构、师资力量、资产规模以及面对的群体对象等差异都是决定不同高校采用不同拓展策略的内在影响因素。不论是采用扩大财政经费收入来源的拓展方式，还是采用多途径、多元化的拓展渠道和方式，各地方高校要与促进学校教学、科研和社会服务发展相适应，必须保持地方高校的科学可持续发展。

第二章

地方高校债务融资管理新进展

第一节 严管态势下政策更趋透明

一、明确举债主体责任，允许依法多渠道筹资

为解决高等教育事业发展资金供求矛盾，国家通过立法形式鼓励高校多渠道筹措教育经费。1997年颁布的《高等学校财务制度》允许高等学校"依法多渠道筹集资金"；2004年教育部和财政部发布的《关于进一步完善高等学校经济责任制 加强银行贷款管理切实防范财务风险的意见》规定"谁贷款，谁负责"。这些制度都为高校作为法律主体进行举债发展提供了法律依据，改变了长期依靠财政拨款和事业收入的办学模式，促进了我国高等教育事业的迅速发展。

《中华人民共和国高等教育法》明确规定，"高等学校应当面向社会，依法自主办学，实行民主管理"，"高等学校在民事活动中依法享有民事权利，承担民事责任"。高校作为贷款的主体，必须承担还贷责任。各高校要继续深入贯彻落实教育部、财政部《关于高等学校建立经济责任制加强财务管理的几点意见》的有关要求，把校内各级经济责任制落到实处。高等学校的校（院）长是高等学校的法定代表人，对偿还贷款负有法律责任，要本着对国家和事业负责的态度，提高风险意识，完善决策程序，增强法制观念。在今后高校领导干部经济责任审计中，高校对银行贷款资金的管理情况将作为重要的考核指标。

二、实施债务管理细则，控制高校债务规模

为合理控制高校债务规模，防范和化解债务风险，各地区都相继出

台了债务管理的实施细则。例如，2011年广东省教育厅出台的《关于加强省属高校债务管理的意见》明确规定了高校银行贷款审批范围、审批程序、申请材料等，只有通过省教育厅、财政厅审批后，才可与合作银行签订贷款合同。广西壮族自治区在2014年出台《广西壮族自治区人民政府关于进一步加强政府性债务管理的意见》基础上，于2015年印发了《政府一般债券预算实施细则》、2017年又分别印发了《全区政府一般债务预算管理实施细则》和《全区政府专项债务预算管理实施细则》，将新举借政府债务收支纳入预算管理。这些政策都表明主管部门对高校债务管理更加规范、透明和细致，有效地增强了高校债务管理的可操作性。以下以《广西壮族自治区关于政府债务预算管理实施细则》为例进行分析。

（一）政府一般债务预算管理实施细则

除外债转贷外，一般债务收入通过发行一般债券方式筹措。政府一般债券是指为没有收益的公益性项目发行的、约定一定期限内主要以一般公共预算收入还本付息的政府债券。广西壮族自治区人民政府（以下简称"广西人民政府"）为一般债券发行主体，具体发行兑付等工作由广西壮族自治区人民政府授权财政厅负责实施，发行一般债券不得超过财政部批准下达的广西一般债券规模。

1. 预算编制和调整

广西壮族自治区财政厅（以下简称"广西财政厅"）在财政部核定下达的一般债券规模内，根据广西宏观经济形势、财政部的政策要求，科学测算并提出新增一般债券发行规模建议，编制预算调整方案，经广西人民政府同意后报广西人大常委会审批。涉及置换的，财政厅在财政部核定的置换一般债券规模内，提出置换一般债券发行规模和分配建议，报广西人民政府批准后，分配至广西本级各部门和各市县财政部门。市县级财政部门在财政厅下达的新增一般债券规模内，编制预算调整方案，经同级人民政府同意后报同级人大常委会审批。市县级财政部门在财政厅下达的置换一般债券规模内，提出置换一般债券分配建议，报同级人民政府批准。

2. 预算科目

各级财政部门要准确使用一般公共预算收支分类科目，完整反映地方政府一般债券的收入、安排支出、还本付息、发行费用、转贷等情况。若财政部对一般公共预算收支分类科目进行调整的，严格按照调整后的科目执行。

3. 预算执行

广西财政厅代表广西人民政府按照有关规定，做好一般债券发行的信息披露和信用评级等相关工作，披露一般债券基本信息、一般公共预算财力及相关债务情况、偿债资金安排以及对投资者做出购买决策有重大影响的其他信息。

市县级政府申请财政厅代发一般债券的，应以政府名义（或政府授权同级财政部门）向财政厅提出申请代发一般债券规模和期限种类。债券资金额度及安排使用应与当地中期财政规划相衔接。在各市县申请代发一般债券规模的基础上，财政厅根据本细则第五条规定的有关程序报请广西人民政府批准后，将一般债券规模下达各市县。财政厅代市县政府发行一般债券募集的资金，应按照转贷协议及时转贷给市县财政部门。

财政厅应按时兑付一般债券本息。财政厅代市县政府发行的一般债券，市县财政部门应按规定时间及时向财政厅足额上缴发行费和还本付息资金。未按时足额缴纳发行费和还本付息资金的，按逾期支付额和逾期天数计算罚息，以当期债券票面利率的两倍折成日息向财政厅支付罚息。年度终了仍未缴纳的部分，财政厅采取适当方式连同罚息予以扣回。

（二）政府专项债务预算管理实施细则

专项债务收入通过发行专项债券方式筹措。广西人民政府为专项债券的发行主体，授权财政厅负责具体组织实施发行工作。设区市、县、自治县、不设区的市、设区市辖区（以下简称"市县"）政府确需发行专项债券的，应当纳入全区政府性基金预算管理，由广西人民政府统一发行并转贷给市县政府。

1. 专项债务限额和余额

市县财政部门应当于每年 9 月底前，提出本地区下一年度增加举借专项债务和安排公益性资本支出项目的建议，经同级人民政府批准后上报财政厅。广西财政厅在财政部下达的广西专项债务限额内，根据各地债务风险、财力状况等因素并统筹考虑广西公益性项目建设需求等，提出广西本级及各市县当年专项债务限额方案，报广西人民政府批准后下达市县财政部门。

广西应当在专项债务限额内举借专项债务，专项债务余额不得超过全区专项债务限额。广西发行专项债券偿还到期专项债务本金计划，由财政厅统筹考虑本级和各市县实际需求提出，报广西人民政府批准后按规定组织实施。

2. 预算编制和批复

专项债务安排本级的支出，应当在政府性基金预算支出合计线上反映，根据支出用途列入相关预算科目；转贷下级支出应当在政府性基金预算支出合计线下反映，列入"债务转贷支出"下对应的政府性基金债务转贷支出科目。

专项债务还本支出应当根据当年到期专项债务规模、政府性基金财力、调入专项收入等因素合理预计、妥善安排，并列入年度预算草案。专项债务利息和发行费用应当根据专项债务规模、利率、费率等情况合理预计，编入年度预算草案，列入政府性基金预算支出统筹安排。

3. 预算执行和决算

财政厅统筹考虑广西本级和市县情况，根据预算调整方案、偿还专项债务本金需求和债券市场状况等因素，制定广西专项债券发行计划，合理确定期限结构和发行时点。财政厅发行专项债券募集的资金，应当缴入广西本级国库，并根据预算安排和还本计划拨付资金。代市县政府发行专项债券募集的资金，由财政厅按照广西人民政府审定的转贷方案及时拨付市县财政部门。

财政厅应当按照合同约定，及时偿还广西专项债券到期本金、利息以及支付发行费用。市县财政部门应当按照转贷额度确认协议约定，及时向财政厅缴纳本地区或本级应当承担的还本付息、发行费用等资金。预算年度终了，各级财政部门编制政府性基金预算决算草案时，应当全面、准确反映专项债务收入、安排的支出、还本付息和发行费用等情况。

4. 非债券形式专项债务纳入预算管理

县级以上各级财政部门应当将非债券形式专项债务纳入本地区专项债务限额，实行预算管理。对非债券形式专项债务，应当由政府（或政府授权财政部门）、债权人、债务人签订是否同意在国务院规定的期限内置换成专项债券的合同或协议。同意在国务院规定的期限内置换成专项债券的，应转移偿还义务。偿还义务转移给相关政府后，相关财政部门应当根据相关材料登记总预算会计账。

对非债券形式专项债务，债务人为政府及其部门的，应当在国务院规定的期限内置换成专项债券；债务人为企事业单位或个人，且债权人同意在国务院规定的期限内置换成专项债券的，相关政府应当予以置换，债权人不同意在国务院规定的期限内置换成专项债券的，不再计入政府债务，由债务人自行偿还，对应的专项债务限额由财政厅按照程序予以调减。

三、债务政策持续收紧，合理化解高校债务

随着债务管理改革的持续深化，针对高校债务政策也持续收紧。2010年印发的《财政部　教育部关于减轻地方高校债务负担化解高校债务风险的意见》明确规定做好高校化解债务（以下简称"化债"）工作的具体要求：

（一）尽快制订完善高校化债工作方案

地方财政以及教育等高校主管部门要深入开展高校债务状况清查，全面掌握地方高校为完成国家扩招任务必须进行建设而从金融机构取得的尚未还清的银行贷款等情况，摸清各类债务底数。在此基础上，省级财政、教育等主管部门要根据地方高校的实际情况，尽快制订全省高校

化债工作方案。已经先行启动高校化债工作的省份要认真总结经验，进一步完善方案。化债工作的实施范围、化解期限、化解规模、资金来源等，由省级财政和高校主管部门统筹确定。

（二）合理安排化债资金

化债资金的安排实行高校自筹和财政支持相结合的办法。要切实落实高校主体责任，督促高校统筹资源，以土地置换、安排事业收入等方式积极偿还贷款，地方财政要加大支持力度，帮助高校化解债务。地方财政化债资金的安排，要突出重点，公平合理，充分发挥调动和引导高校筹资的作用。2010~2012年，中央财政在锁定截至2009年底地方高校为完成扩招任务必须进行建设而从金融机构取得的尚未还清的贷款余额的基础上，根据地方财政通过一般预算安排的化债资金，综合考虑各地高校化债工作努力程度、高校债务规模下降幅度以及扩招学生数等因素，采取基础奖励加浮动奖励的方式，对有效化解高校债务的省份给予支持。其中：基础奖励额度，按各省份每年安排化解高校银行贷款（本金）财政一般预算资金的一定比例确定，中西部地区为45%，东部地区分省份确定；浮动奖励额度，根据各地高校化债工作努力程度、高校债务规模下降幅度以及扩招学生数等因素，最高不超过各省份每年安排化解高校银行贷款（本金）财政一般预算资金的10%，2012年以后的高校化债工作，由各地自行开展。

（三）严格控制新增贷款，降低债务规模

在减轻高校现有债务负担的基础上，要加强财务管理，建立高校建设项目规划、银行贷款审批制度和高校债务情况动态监控机制，从严审批高校建设标准和建设项目，严格控制新增贷款的产生，防止出现"举新债，化旧债"现象。今后几年，对高校化债工作实施后，高校债务余额未减少的省份，财政部、教育部除扣回该省份的奖补资金外，还将减少或停止安排高等教育专项转移支付资金。

（四）抓紧落实工作方案，及时报送进展情况

各地化解高校债务风险工作方案出台后，各级财政和高校主管部门

要精心组织，抓紧落实工作方案，尽快减轻高校债务负担。同时，积极协调自然资源等相关部门，出台校区置换收益优先用于偿还银行贷款等政策，缓解高校还款压力。财政部、教育部建立与省级财政、教育部门的地方高校债务化解信息沟通交流机制。各省份高校化债工作的落实进展情况，要及时上报财政部、教育部。

除了《财政部 教育部关于减轻地方高校债务负担化解高校债务风险的意见》中规定的以外，广西人民政府同时设定债务率预警线，对新增政府债券规模进行管控，2018年广西人民政府办公厅印发的《关于进一步加强政府性债务管理防范化解政府性债务风险的意见》（桂政办发〔2018〕6号）中对规范政府举债行为提出意见：广西人民政府在国务院批准的政府债务限额内，结合广西经济社会发展状况可以适度举借债务，举债主体为广西人民政府，举债方式为发行政府债券。市县级人民政府确需举借债务的，应按有关规定向广西人民政府提出申请，由广西人民政府代为举借；对债务率超过预警线、政府一般债务年度付息支出超过当年一般公共预算支出10%、政府专项债务年度付息支出超过当年政府性基金预算支出10%或政府债务逾期率较高的地区，原则上广西人民政府不予代理发行新增政府债券。明确划清政府与企业界限，政府债务通过各级人民政府及其部门举借，不得通过企事业等单位举借。除发行政府债券、外债转贷外，各级人民政府及其所属部门不得以任何方式举借债务，不得为任何单位和个人的债务以任何方式提供担保。

第二节 多元化的债务融资渠道

《新帕尔格雷夫经济学大辞典》对融资的理解是：融资是指为支付超过现金的购货款而采取的货币交易手段，或为取得资产而集资所采取的货币手段。所谓教育融资，是指为教育部门保证教育事业顺利进行而筹措资金的活动。目前，世界各国无论发达与否、无论财政收入情况如何，都面临教育资源匮乏的窘境，原因很明显，就是办学经费不足，中国也难逃这个问题。"穷国办大教育"显得更加艰难。尽管政府投资于教育的经费逐年增加，但仍显得捉襟见肘，远远满足不了我国教育事业发展的需要。因此，教育融资渠道的多元化就被提上日程，成为迫切问题亟待解决。

高校融资有广义和狭义两方面。广义的高校融资是指教育所需的全部资金的来源，包括政府投入、收取学费、科研成果、其他投资者出资或捐赠以及各种形式的负债。而狭义的高校融资是指学校除了政府财政拨款、学费收入、科研成果收入等以外的其他投资者出资举债以及在资本市场上取得的资金。

一、高校债务融资的原因

随着高等教育事业的发展，高校在资金上的缺口也是越来越大，仅通过财政拨款这条老路已经无法满足高校的发展，高校为满足自身资金的需要，另辟蹊径已迫在眉睫。

（一）教育经费严重短缺

高校单靠财政支持模式已经一去不复返了，随着办学规模的扩大，高校资金缺口越来越大。抓住先机的高校靠银行贷款已经先行发展起来了，南方的一些高校借助经济发展速度快和地理位置好的优势，与企业合作、接受民营企业投资等方式亦迅速发展起来。而后发展高校又遇到银行紧缩银根，没有及时获得银行贷款，加上自身优势不明显，办学难度越来越大，最突出一个原因就是缺钱。

（二）教育成本急剧增加

扩招的机会被很多高校抓住了，但是随着招生人数的增多，师生比、藏书量、校园面积、学生公寓等都遇到了挑战。原有高校的办学条件不能满足日益增长的招生人数，高校必须投入大量资金，扩大办学规模，改善办学软硬件条件，引进师资力量等教育成本急剧增加。

（三）校区建设资金缺口较大

高校新校区建设项目工程巨大，其中包括非营利项目的教学楼、办公楼；营利项目的学生公寓、体育场馆和技术研发中心等。若投资企业与高校进行合作，其实他们只对有营利能力的营利性项目感兴趣，对非营利项目是没有兴趣的。何况高校新校区建设除此以外还有给水排水项目、管网通信项目、校园绿化项目等。这些都需要大量的资金来支撑。那么，这些资金只通过财政拨款或银行贷款是远远不够的。所以高校新校区建设还得另辟蹊径，多样化的选择融资渠道。

二、高校债务融资的渠道

在国家政策对高校债务持续收紧、高校现有财政拨款收入和事业收入不足以满足高校发展的情况下，高校积极寻找其他融资渠道解决资金问题。最常见、规模最大的融资形式是银行贷款，其次是政府债券。随着国家对高校债务政策的持续收紧，目前高校融资方式出现了新形式、新变化。例如，通过政府和社会资本合作（PPP）、政府投资基金、政府购买服务、融资租赁、外国贷款等形式多渠道融资进行高校建设。同样，广西高校的债务融资手段也呈现多元化的特点，例如，广西体育高等专科学校采用PPP项目形式推进新校区建设，南宁师范大学、广西国际商务职业技术学院采用融资租赁形式进行融资，广西工商职业技术向南宁市西江小额贷款股份有限公司举借小额金额贷款，南宁职业技术学院举借西班牙政府贷款等。

不管采用哪种方式，只要能降低成本，降低风险，提高资金使用率，使高校能够顺利建设完成且可以提高办学质量的方法，都可以拿来试一试。但是，不能否认的是，方法可以使用，但高校融资在目前的市场环境下可能还会遇到不可预料的其他问题和风险。

三、政府债务监控挑战加大

高校债务融资渠道日趋多元化,但监管难度也在不断加大。这类举债形式通常不纳入地方财政预算,但又属于地方政府负有担保责任和可能承担的还债责任范围,且最终大多数由财政买单,是地方政府隐性债务的新形式。近几年,中央对通过 PPP 等形式变相融资加强了管控,2017 年 7 月,中央政治局会议上强调"要积极稳妥地化解累积的地方政府债务风险,有效规范地方政府举债融资,坚决遏制隐性债务增量"。2018 年,中共中央、国务院出台《关于防范化解地方政府隐性债务风险的意见》,同时各地陆续出台防范和化解政府隐性债务实施方案等,说明中央已关注到目前债务风险的新变化和新形势。但目前,无论学术界还是政府主管部门都未对隐性债务有明确的范围界定和统计标准,因而也较难统计和摸清隐性债务的真实情况,从而造成隐性债务风险高,并成为债务风险防控的新焦点。面对高校债务风险的多元化,如何规范管理和防范债务风险新形式,也成为高校债务风险防控的任务目标之一。

第三节 日趋成熟的监测预警体系

一、高校债务融资监管的意义

随着高校债务融资渠道日趋多元化,如何防控高校债务风险隐患、强化高校债务风险监管、建立健全高校债务管控机制成为高校债务控制关键步骤,且逐步趋于规范化和常态化,对高校债务的监管难度也在不断加大。

2017年8月，在第十二届全国人民代表大会常务委员会第二十九次会议上的《国务院关于今年以来预算执行情况的报告》，对隐性债务定性为："地方政府违法违规或变相举借。"2017年12月举行的全国财政工作会议，指出"坚决制止违法违规融资担保行为，严禁以政府投资基金、政府和社会资本合作（PPP）、政府购买服务等名义变相举债"。

显然，"违法违规"指的是地方政府或者企事业单位的融资行为；"变相举借"指的是政府投资基金、政府和社会资本合作（PPP）、政府购买服务等形式形成的"债务"，或者说政府支出责任。这类举债形式通常不纳入地方财政预算，但又属于地方政府负有担保责任和可能承担的还债责任范围，且最终大多数由财政买单，是地方政府隐性债务的新形式。因此，面对高校债务融资风险的多元化，进一步规范管理和防范债务风险显得尤为重要。

二、债务风险防范机制趋于完善

为建立健全政府性债务风险应急处置工作机制，明确广西政府性债务风险应急处置工作职责，坚持快速响应、分类施策、分级负责、各司其职、协同联动、稳妥处置，牢牢守住不发生区域性系统性风险的底线，切实防范和化解财政金融风险，维护经济安全和社会稳定，守住不发生区域性系统性风险的底线，近年来，在国家有关政策的基础上，广西人民政府办公厅出台了《广西壮族自治区政府性债务风险应急处置预案》；为贯彻落实党的十九大和全国金融工作会议精神，切实防范和化解政府性债务风险，促进广西经济社会持续健康发展，广西人民政府办公厅又出台《广西壮族自治区人民政府办公厅关于进一步加强政府性债务管理防范化解政府性债务风险的意见》，政府债务管理防范机制初步建立，为明确政府债务改革方向、规范政府债务管理提供了坚实保障。

（一）规范债务风险防范原则

广西人民政府对政府性债务风险应急处置负总责，各市、县（市、区）人民政府按照属地和现行自治区对各市、县（市、区）财政管理体制原则各负其责，经济开发区管委会等县级以上人民政府派出机构按照行政隶属关系由所属政府负责。区直有关部门在广西人民政府统一领导下按照职责分工加强对政府性债务风险应急处置的指导。各级人民政府应当坚持预防为主、预防和应急处置相结合，加强对政府性债务风险的监控，及时排查风险隐患，妥善处置风险事件。各级人民政府的政府性债务风险事件应急处置应当依法合规，尊重市场化原则，充分考虑并维护好各方合法权益。

（二）组织应急指挥体系和职责

成立广西政府性债务管理领导小组，作为非常设机构，负责领导广西政府性债务日常管理。当出现政府性债务风险事件时，根据需要转由政府性债务风险事件应急领导小组组织、协调、指挥风险事件应对工作。各市、县（市、区）人民政府是本行政区域政府性债务风险应急处置工作的行政领导机构，作为非常设机构，负责本行政区域政府性债务日常管理工作。当本行政区域内出现政府性债务风险时，根据需要转由政府性债务风险事件应急领导小组组织、协调、指挥风险事件应对工作。

广西政府性债务管理领导小组由自治区主席任组长，分管财政工作的副主席任副组长，成员单位包括自治区财政厅、发展改革委、审计厅、国资委、金融办，人民银行南宁中心支行、广西银监局，根据工作需要可适时调整成员单位。

财政厅是政府性债务的归口管理部门，承担广西政府性债务管理领导小组（债务应急领导小组）办公室职能，负责政府性债务风险日常监控和定期报告，组织提出政府性债务风险应急措施方案。债务单位行业主管部门是政府性债务风险应急处置的责任主体，负责定期梳理本行业政府性债务风险情况，督促举借债务或使用债务资金的有关单位制定本单位政府性债务风险应急预案；当出现政府性债务风险事件时，落实债务还款资金安排，及时向债务应急领导小组报告。广西发展改革委负责评估广西投资计划和项目，根据应急需要调整投资计划，从严审批债务风险较高地区新开工项目；牵头做好企业债券风险的应急处置工作。审计厅负责对政府性债务风险事件开展审计，明确有关单位和人员的责任；将政府性债务纳入财政财务收支审计和领导干部经济责任审计范畴。广西金融办负责按照职能协调金融机构配合开展政府性债务风险处置工作。广西国资委负责履行出资人职责企业债务风险监管，督促出资企业制定政府性债务风险应急预案，落实债务还款资金安排；督促广西有关单位及各市县开展所管理国有企业政府性债务风险应急处置工作。中国人民银行南宁中心支行负责开展金融风险监测与评估，牵头做好区域性系统性金融风险防范和化解工作，维护金融稳定。广西银监局负责指导广西银行业金融机构等做好风险防控，协调银行业金融机构配合开展政府性债务风险处置工作；牵头做好银行贷款、信托等风险处置工作。其他部门（单位）负责本部门（单位）政府性债务风险管理和防范工作，落实政府性债务偿还化解责任。

（三）实施预警和预防机制

财政厅应当按照财政部相关规定做好广西政府性债务风险评估和预警工作，及时或定期实施政府性债务风险评估和预警，做到风险早发现、早报告、早处置。各级人民政府及其财政部门应当将政府及其部门与其他主体签署协议承诺用以后年度财政资金支付的事项，纳入监测范围，防范财政风险。各级人民政府应当定期排查风险隐患，防患于未然。各级主管部门与债务人应建立总体兑付计划及债务存续期管理档案，落实偿债保障措施，确保债务本息按期兑付。

（四）采取分级响应和处置制度

各级人民政府对其举借的债务负有偿还责任。要加强日常风险管理，按照财预〔2016〕152号文件精神，妥善处理政府性债务偿还问题。加强财政资金流动性管理,避免出现因流动性管理不善导致政府性债务违约。对因无力偿还政府债务本息或无力承担法定代偿责任等引发风险事件的,根据债务风险等级,相应及时实行分级响应和应急处置。

(五)加强各项保障措施

启动应急响应的各级人民政府应当保持应急指挥联络畅通,有关部门应当指定联络员,提供单位地址、办公电话、手机、传真、电子邮箱等多种联系方式的通讯保障;提高政策理论、日常管理、风险监测、应急处置、舆情应对等业务能力强的人力保障;统筹本级财政资金、政府及其部门资产、政府债权等可偿债资源,为偿还债务提供必要资源保障;强化提前防范、及时控制、妥善处理,遵守保密规定,对涉密信息要加强管理,严格控制知悉范围的安全保障;组织有关专业人员参加应急处置工作,提供技术、法律等方面支持,组成债务风险事件应急专家组,提供技术储备与保障。

(六)实施债务信息公开细则

为依法规范广西各级政府债务管理,切实增强政府债务信息透明度,出台了《广西政府债务信息公开实施细则》,除涉及国家秘密外,不得少公开、不公开应当公开的事项外,坚持以公开为常态、不公开为例外,坚持谁制作、谁负责、谁公开,坚持突出重点,及时、真实、准确、完整公开,坚持以公开促改革、以公开促规范,防范政府债务风险。

广西政府债务管理防范机制初步建立,为明确政府债务改革方向、规范政府债务管理提供了坚实保障。

三、高校债务监管日趋常态化

为稳妥化解累积的高校债务风险,有效规范高校举债融资,广西人民政府对高校实现了债务常态化监管,债务控制监测和监管的手段日趋规范和成熟,债务风险控制的根基在不断增强。

通过建立广西政府债券支出进度统计月报制度，促进债券资金支出进度，提高资金使用效益；建立统一的地方政府性债务系统，要求定期上报债务报表，报送单位基本债务情况、还本付息情况、支付费用与支出信息、偿债资金来源等信息，并根据填报信息对债务风险进行一定程度的甄别；落实债务信息公开披露政策，对政府一般债券、专项债券进行披露。同时，聘请第三方机构对债券进行实施方案总体评价和信用评级，有效地夯实了高校债务监管工作基础。

四、应急处置的全局性和执行性

从全局角度分析，全局通盘考虑各级政府债务限额，加强对债务高风险地区监控，并从政府宏观职能角度制定政府性债务应急处置预案和债务风险中长期化解方案，高校纳入主管部门债务风险进行管控。从可执行性角度来看，细化应急处置预案方式和方法。2016年10月，国务院办公厅印发了《关于印发地方政府性债务风险应急处置预案的通知》（以下简称《预案》），对地方政府应对债务风险提出了具体可操作方案，进一步明确了不同类别债务的偿债资金来源及筹措方式，并首次提出实施财政重整计划的情境和具体内容。《预案》明确了债务风险事件的级别，并根据级别作出应急响应预案和措施。此次风险事件分级细则及处置方法的提出，是对新修正的《中华人民共和国预算法》第三十五条关于"国务院建立地方政府债务应急处置机制以及责任追究制度"的落实和细化。《预案》的出台使得各地对债务风险的处置与承担的责任有规可依、有法可依，各地结合实际相继出台了本地地方政府性债务风险应急处置预案。

因此，风险防控是一项"系统工程"，必须打破原有"风险大锅饭"的问题，要从国家层面自上而下明确风险约束和分担机制。在高校债务风险防控与化解过程中，越来越重视和明确政府主管部门的重要责任，在保障高等教育稳定发展的同时，要从全局统筹债务结构与规模，把握总体及单个债务风险状况，从中央到地方、从上自下进一步建立健全债务风险监测预警与应急处置机制。

第四节　债务管理水平不断提升

一、债务管理研究成果丰富

高校债务管理研究成果较为丰富，许多学者根据国内外高校债务管理实践，提出了高校债务化解或债务风险管理的方法和手段。如郑鸣、朱怀镇采用 BP 神经网络技术和 Logistic 回归分析方法，对全国 30 多所高校进行数据分析，设计出高校贷款风险预警模型。文晶娅、吴少新从学校办学条件、财务状况和还本能力等方面设计了高校贷款风险防范审核指标体系，可供高校、商业银行、政府教育主管部门和财政部门用于高校贷款的必要性和可行性审核。杨恒仓针对传统层次分析法的不足，提出将区间灰数的白化处理方法与层次分析法结合起来的灰色层次分析法，对高等学校贷款风险问题进行风险评价研究。王萌选取了 22 个指标，从高校偿债能力、资金运行绩效、资金支付能力和发展潜力四个方面建立了高校财务风险预警指标体系。同时，新预算法明确规定地方政府债务应建立风险评估和预警机制、应急处置机制以及责任追究机制。教育部于 2004 年发布了《关于建立直属高校银行贷款审批制度的通知》（教财〔2004〕44 号），明确贷款审批范围，提出了"高等学校银行贷款额度控制与风险评价模型"，用来测算各高校银行贷款风险指数。教育主管部门可参照该模型的方法和思路，掌握和了解高校的财务风险状况，确定各高校合理的贷款控制规模。但需要注意到，高校贷款额度与风险评价模型的应用需符合一定的基本设定，包括：第一，高校不能因偿还贷款本息而影响现有基本办学能力和正常的教学、科研工作；第二，高校事业在未来一定期间内呈稳定增长的态势；第三，不考虑非常态的不可预计或不可控制的情况；第四，将高校视为一个整体，不考虑内部各级次的资金分布状况。

通常来说，要想精准有效管控债务风险，必须有充分相关的债务信息。总体来看，目前对高校债务信息的掌握，主要是通过每年披露的政府预、决算数据或债务报表，而对或有负债、表外负债等信息不能真正全面的掌握。同时，基于以往预算会计基础，高校债务管理多为"就债论债"的过程，高校相关项目资产与其负债不匹配、资金来源与项目收支不对接，无法反映项目的真实收益，也就无法判断项目的风险程度。2019年1月1日起正式实施的《政府会计制度》，一方面建立统一会计科目、会计方法、会计政策和会计报表格式，确保在债务管理中的有关信息的完整、统一且具有可比性；另一方面，政府会计制度在权责发生制的基础上扩大了政府资产负债核算范围，通过这些财务信息，可以对应、比较资产与债务的匹配信息，并对未来进行预测，从而掌握债务风险的实际情况、可控范围，并提出详细合理的风险管控措施。因此，在政府会计制度应用和政府综合财务报告编报方式的改革下，债务风险监测手段和方式框架越来越清晰，对债务管理也逐渐精细化、规范化。

二、地方高校债务化解思路

为确保地方高校有序稳妥地开展化债工作，化债工作应当坚持"政府主导、明确职责，因地制宜、突出重点，公平公正、奖补结合，构建机制、稳步推进"的原则。

政府主导、明确职责。建立地方高校基本办学条件投入保障机制，充分发挥公共财政投入的主导作用和政策引导作用，政府出大头，高校出小头。明确各高校的化债职责。要求各高校结合自身条件统筹学校资源，制定切实可行的还款计划并认真落实。广东、山东、江西都是省政府牵头,增加投入,并与相关部门签订责任书。

因地制宜、突出重点。鉴于各地区的财政能力不同,各地区所属的各高校债务结构状况和未来获得收入的能力也存在差异,各地区本着实事求是的原则,制订不同的化债方案,不求苟同,突出化债工作重点,着力化解地方属重点高校和偿付能力不足高校的债务风险。

公平公正、奖补结合。按照科学的测算方法核定政府和学校化债分担比例,避免"多贷多得、少贷少得、不贷不得"。政府根据高校的债务规模、扩招贡献、化债努力情况,加大投入,奖补结合。

构建机制、稳步推进。构建防范和控制债务风险的长效机制。有效减轻高校债务负担。将主要精力集中于债务风险防范,有能力的地区可以帮助高校偿付一定比例的本金,控制贷款规模,延展和优化贷款期限,加强高校内部财务管理,将财务风险降到合理区间。

从广东、山东、江苏等地区的化债实践来看。普遍的做法是政府出面牵头和协调,是化债的投入主体,而高校负责具体实施,承担化债的具体责任。为了更好地、有步骤地实施化债,在政府增加投入的基础上,各贷款高校积极制定具体可行的化债方案。化债方案的思路为:首先锁定债务基数,即地方高校要锁定债务余额,防止发生新债。再测算政府投入额度和自筹额度,即根据各地区财政供给能力、高校类型、扩招人数、事业收入等测算。最后高校制订化债方案,即各地区根据核定的国家投入份额和自筹份额,统筹安排化债资金,制订具体的化债方案,签订化债责任书。

三、地方高校债务化解策略

建议中央设立专项资金。对各地实行"以奖代补"政策,对地方财政较为困难的省区,特别是西部省区给予必要的资金支持,对高校贷款偿还不等不靠、主动筹措资金还款的省区,给予一定的奖励,采取中央、地方分级负担的办法,共同解决地方高校贷款问题。

建议中央出台相关政策。对西部省区给予政策支持，例如将部分利息较高的商业银行贷款置换为利息较低的政策性银行贷款。可以考虑国家开发银行牵头，商业银行参加，成立银团贷款俱乐部，延展贷款风险较高高校的贷款期限，实现银校合作，高校为银行实施培训和金融研发，共赢发展。形成以政策性贷款为主、商业性贷款为辅的负债融资格局，合理安排长期、中期、短期债务搭配，确定最佳的贷款规模和贷款期限的组合。

坚持高校建设以政府投入为主的原则。首先，各地区设立化债专项资金。化债专项资金用于贴息或者支付贷款本金。随着国家财政对教育经费投入加大，对西部地区的转移支付逐年提高。其次，省级政府要进一步加大对高校的投入力度，不断提高地方高校的生均经费拨款，减轻高校的办学负担，也使得各高校有能力积极筹备资金，提高主动还债的积极性。最后，在提高高校生均经费拨款之外，对高校基本建设给予专项投入，主要用于高校新校区建设和重点项目建设。如果政府能够加大对高校的基建投入，高校贷款规模将会大大缩小，财务风险将会随之降低。

强化管理和制度建设。各省教育厅、财政厅、发改委与高校逐校签订归还贷款责任书，明确双方的权利和责任，实行合约管理。要加强保障制度。包括：第一，加强收支预算管理制度。各高校将各项收入全部纳入学校财务，将年度贷款本息列入支出预算，对还贷资金实行国库集中支付，由各地区财政按时直付贷款银行，增强执行刚性。第二，实行高校新增贷款审批制度。各地方高校凡是新增贷款均需报经省教育厅和财政厅审批。第三，建立监督制度。建议各省教育厅和财政厅建立高校债务管理信息系统，对负债进行动态管理，把负债率纳入高校领导干部任期目标责任制考核指标，把债务状况列入高校领导经济责任审计和离任审计的重要内容。

第三章

地方高校债务现状及风险分析
——以广西高校为例

第一节 高校债务规模持续攀升

根据 2010~2017 年广西教育事业统计简报，2017 年广西普通高等院校招生人数较 2010 年增加 96050 人，增长 52.25%，其中仅本科生就增加招生人数 52516 人，增长 71.11%。广西高等教育招生人数的大规模增长，对教学场地、设施、师资的需求迅猛增加，高校投入需求逐年增加。然而，收入的增长远远不能满足学校新校区建设、教学设备设施升级改造、高层次人才引进、日常运转经费的需求。举债融资成为了解决上述问题的必然选择。

2017 年末，广西共有高等学校 80 所，含普通高等学校 65 所、独立学院 9 所、成人高校 6 所。其中公办普通高校 56 所（因民办类高校债务信息不完整，本书仅分析公办高校数据），公办高校中有 48 所举借了各种类型的债务，债务总额达到 125.58 亿元。其中：银行信用贷款 96.97 亿元，占高校债务总规模的 77.22%；政府性债券 20.21 亿元，占高校债务总规模的 16.10%；其他融资 8.39 亿元，占高校债务总规模的 6.68%（见表 3-1）。2018~2019 年，发行广西壮族自治区政府高等学校专项债券 37.15 亿元，批复新增银行信用贷款额度 5000 万元，截止到 2019 年 5 月底，广西高校债务总额已达到 163.23 亿元（不考虑近一年半偿还银行贷款本金）。2017 年末非政府性债券存量债务，若按剩余偿债期限 10 年，期限内按季度平均偿还债务本金计算，2018~2019 年应已偿还银行贷款类债务 15.80 亿元。2019 年 5 月底，高校债务规模为 146.93 亿元左右，其中：政府性债券 57.36 亿元，银行贷款和其他融资 89.57 亿元。

表3-1　　　　　广西高校债务规模和类型（2017年）

债务类别	债务总额（万元）	占总数比例（％）
银行贷款	969708.62	77.22
政府债券	202123.78	16.10
其他融资	83926.81	6.68
合计	1255759.21	100.00

数据来源：2017年广西各高校上报的债务报表。

2014年，广西壮族自治区审计厅公布的《广西壮族自治区政府性债务审计结果》显示，广西普通高校银行贷款余额由2010年底的70.89亿元下降到2013年6月底的59.89亿元，下降了15.52％。然而，2017年底的银行贷款和其他融资规模为105.36亿元，比2013年6月的规模增加45.47亿元，增长75.92％。包含政府性债券在内的高校债务规模2017年底达到了125.58亿元，比2013年6月的规模增加65.69亿元，增长109.68％（见表3-2）。

表3-2　　　　　广西高校债务规模变动情况表　　　　　单位：亿元

项目	2009年底	2010年底	2013年6月底	2016年底	2017年底
债务总额	60	70.89	59.89	89.45	125.58

由上述数据可以看出，高校作为非营利组织，在运作中一般遵循稳健的管理作风，但伴随着2010~2017年中国高等教育规模的快速扩张，许多高校的负债规模也随之膨胀，这一方面推动了我国高教事业的长足发展，但另一方面也对高校的财务安全构成了现实挑战。高校作为组织和参与高等教育事业的基本单位，且高校的社会公益性质，公立学校所有权归国家所有，学校不能以创收和营利为目标，学校收费标准由政府规定，导致高校负债发展以后付息还本和日常运行的突出矛盾。高校一旦不能偿还应付利息和到期债务，陷入财务危机，巨额负债问题解决得不好，势必影响到我国高等教育事业的健康发展，并逐渐突破高等教育范畴，成为复杂的社会问题，引发社会的普遍关注。因此，系统分析我国高校负债总体状况，揭示过度负债的深层原因，提出解决高校过度负债问

题的基本对策,对化解我国一些高校存在的债务风险有着现实的意义。

第二节 高等教育发展经费缺口巨大

2017年,广西高等教育毛入学率为35.9%,比全国平均水平45.7%约低10个百分点,在全国排名比较靠后,且与全国平均水平的差距越来越大。2013年,广西人民政府在《关于全面提高教育质量 振兴广西高等教育的若干意见》中提出,到2020年,广西高等教育毛入学率达到40%,高等学校在校生规模达到100万人(普通本专科96.5万人,研究生3.5万人)。2017年,高等学校在校生规模为90.12万元(普通本专科86.67万人,研究生3.45万人),要实现2020的在校生学生规模,还需增加近10万人左右。

根据2004年教育部印发的《普通高等学校基本办学条件指标(试行)》要求,基本办学指标"合格"必须达到一定标准(见表3-3,表3-4,表3-5)。

表3-3　　普通本科学校基本办学条件指标

学校类别	生师比	具有研究生学位教师占专任教师的比例(%)	本科		生均图书(册/生)
			生均教学行政用房(平方米/生)	生均教学科研仪器设备值(元/生)	
综合、师范、民族院校	18	30	14	5000	100
工科、农、林院校	18	30	16	5000	80
医学院校	16	30	16	5000	80
语文、财经、政法院校	18	30	9	3000	100
体育院校	11	30	22	4000	70
艺术院校	11	30	18	4000	80

表 3-4　　　　　普通专科学校基本办学条件指标

学校类别	高职（专科）				
	生师比	具有研究生学位教师占专任教师的比例（%）	生均教学行政用房（平方米/生）	生均教学科研仪器设备值（元/生）	生均图书（册/生）
综合、师范、民族院校	22	5	8	2500	45
工科、农、林、医学院校	22	5	9	2500	35
语文、财经、政法院校	23	5	5	2000	45
体育院校	17	5	13	2000	30
艺术院校	17	5	11	2000	35

注：按照本专科总体比例控制在 5.5∶4.5 要求，为计算方便，假定需新增的 10 万在校生全部为"综合、师范、民族院校"类学生。为达到教育部的办学条件，需进行如下教育教学条件投入。

表 3-5　　　　　需新增基本办学条件投入情况

类别	教师人数（人）	研究生教师（人）	教学行政用房面积（万平方米）	教学科研仪器设备（万元）	图书（万册）
本科	3056	917	77	27500	550
专科	2015	102	36	11250	202.5
合计	5071	1019	113	38750	752.5

需要注意的是，广西高校占地面积 2017 年较 2010 年增加 1278.9 万平方米，增幅 34%，但生均占地面积却缩减了 12.63%；学校藏书 2017 年较 2010 年增加 1988.3 万册，增幅 45.12%，但生均藏书却缩减了 8.05%。这表明广西高校的现有办学软硬件设施仍无法满足大规模增加学生的需要，形成了高校教育资源供给不足与新增学生教育需求增长间的矛盾（见表 3-6）。

表 3-6　　　广西普通高等院校 2010 年与 2017 年办学条件比较

类别	年份		与 2010 年相比	
	2010	2017	增量	增幅（%）
占地面积（万平方米）	3761.1	5040.0	1278.9	34.00
生均占地面积（平方米）	64.4	56.2	-8.1	-12.63

续表

类别 \ 年份	2010	2017	与2010年相比 增量	与2010年相比 增幅（%）
校舍面积（万平方米）	1447.2	2282.9	835.7	57.75
生均校舍面积（平方米）	24.8	25.5	0.7	2.96
教学行政用房（万平方米）	698.9	1080.2	381.3	54.56
生均教学行政（平方米）	12.0	12.1	0.1	1.17
学生宿舍（万平方米）	377.0	622.5	245.5	65.11
生均学生宿舍（平方米）	6.5	7.0	0.5	8.49
学校藏书（万册）	4407	6395.3	1988.3	45.12
生均藏书（册）	77.7	71.4	-6.3	-8.05
教研仪器设备值（万元）	418059	1057550	639491.1	152.97
生均设备值（元）	7366.5	11801.5	4435.0	60.21

数据来源：2010~2017年广西教育事业统计简报。

为解决这一矛盾，广西高等教育办学条件还需进一步改善和增加。根据《广西教育提升三年行动计划（2018~2020年）》，广西近3年具体涉及高等教育的主要任务有：

一是，实施现代职业教育加快发展工程。

（1）全面改善职业院校办学条件。大力加强职业学校的校园、校舍、信息化基础设施建设及图书、实训设备配备，补齐条件短板。根据实际情况支持新建、改扩建一批高等职业院校，推动高等职业院校办学条件达到国家标准。

（2）进一步优化职业教育结构。开展高水平高职院校建设，重点支持创建10所国内一流职业院校。启动建设30个高水平高职专业，跻身全国同类专业领先行列。继续支持建设120个产教深度融合、特色鲜明、技术技能人才培养能力强的示范特色专业及实训基地。鼓励和支持职业院校与特殊教育学校联合建设残疾学生职业教育实习实训基地。

（3）进一步提升职业教育办学水平。深入推进国家民族地区职业教育综合改革试验区建设。深入推进中高职有机衔接，提高中职毕业生升专科和本科、高职升本科比例。改革课程体系和课程内容，提升职业院校毕业生获取"双证书"比例。继续实施高职创新行动计划。实施职业院校内部质量保证体系诊断与改进制度。启动实施学生技能抽查、学业水平测试试点。深化产教融合、校企合作。推动职业教育与产业、职教园区与产业园区融合发展，提升职业教育服务产业转型升级能力。引导企业深度参与职业教育，推进示范性职教集团建设和现代学徒制。积极开展"普职融通"改革试点。

（4）大力发展继续教育。推进继续教育综合改革，建立职前和职后教育相互融合、学历和非学历教育同步发展、宽进严出、弹性学制、灵活开放的继续教育制度。启动建设终身教育"学分银行"，建立个人学习账户。以广西广播电视大学为基础建设广西开放大学。广泛开展城乡社区教育，加强广西社区教育平台建设，加强社区教育资源建设，丰富城乡居民学习资源，重点建设20个广西级社区教育试验区、5个广西级社区教育示范区。

二是，实施高等学校综合实力提升工程。

（1）统筹推进一流大学和一流学科建设。支持广西大学等1~3所高校建设国内同类一流大学，重点建设7所左右特色鲜明本科高校，建设30个左右国内一流学科、20个左右国内一流学科培育项目、130个本科品牌专业。实施"双一流"监测和绩效评价，强化结果运用、实施动态调整。

（2）加快推进高等教育重大项目建设。重点推进南宁教育园区和桂林高校集聚区建设。基本完成南宁教育园区入园学校一期工程。进一步完善桂林高校集聚区基础设施，不断改善桂林高校办学条件。继续推进4所高校实施国家中西部高校基础能力建设工程（二期）。支持3所高校实施国家应用型高校建设项目。加快建设北部湾大学。

（3）提升高水平人才培养能力。引导高校调整优化专业结构，推动新工科专业建设和传统工科专业改造升级，重点培养180名专业带头人。鼓励高校参加国内权威或国际实质等效的专业认证，对通过认证的专业给予适当奖补。继续实施好国家系列卓越人才教育培养计划。深化本科教学改革，深入推进协同育人，加强实验实践教学，深化创新创业教育改革，推动高校加大对精品课程建设、教学改革的常态化投入，对创新创业教育取得突出成果的高校予以奖励。实施本科教学改革及人才培养能力提升项目，引导部分高校加快向应用型转变，重点建设100个产教深度融合的特色专业及实验实训教学基地（中心）。立项建设5个新增博士学位授予单位和7个新增硕士学位授予单位，实施研究生创新创业教育项目、研究生教育质量保障与质量提升项目、研究生课程体系及案例库建设项目。

（4）增强高校科技创新和服务能力。大力推进科教结合，启动首批8个科教结合科技创新基地试点建设，鼓励高校和科研院所强化协同创新，推进科技资源开放共享，共建高水平学科，推进科技成果转化合作，探索建立高层次创新人才联合培养模式。着力完善高校创新平台体系建设，重点培育建设3~4个国家重点实验室（含省部共建），15个左右教育部重点实验室、国际联合实验室等国家部委创新平台。持续推进100个广西高校重点实验室等科技创新平台建设。努力构建高校哲学社会科学创新体系，重点建设6个左右高校新型高端智库和20个左右广西高校人文社科重点研究基地。

三是，实施教育开放发展工程。

（1）加强教育对外交流与合作平台建设。进一步加强桂港现代职业教育发展中心、东盟语种人才培养基地、孔子学院以及面向东盟的各类教育培训中心（基地）建设。进一步发挥中国—东盟大学智库联盟、中国—东盟边境职业教育联盟、中国—东盟艺术高校联盟、中国—东盟旅游职业联盟和桂台高等教育高峰论坛、桂台教师发展高峰论坛等平台作用。进一步提升中国—东盟职业教育联展暨论坛品牌影响力。

（2）加强双向留学工作。打造"留学广西"品牌，拓展"留学广西"国际教育区域。逐步增加广西政府东盟国家留学生奖学金额度，完善奖学金分配与招生模式，鼓励各地各高校设立留学生奖学金。继续实施广西高校外国留学生公寓楼建设项目，把广西建成东盟学生留学主要目的地，2020年来桂留学人数达到1.5万人。加大出国留学访学支持力度，2020年出国留学进修人数达到1万人。

（3）拓展与"一带一路"沿线国家和地区的教育合作领域。支持广西高校与"一带一路"沿线国家和地区高水平大学合作创办二级办学机构和联合举办本科及以上学历合作办学项目。推动建设中国—东盟联合大学。发挥区域特色优势，积极推进东盟国别研究和区域研究。实施职业教育协同企业"走出去"计划，培养一批"一带一路"建设需要的技能人才。推动高校积极参与"一带一路"沿线国家孔子学院、孔子课堂和汉语文化中心建设。推进大中小学与港澳台地区、东盟及发达国家开展双向文化、学术交流。

四是，实施教师队伍提质增量工程。

（1）加强师德师风建设。加强教师思想政治工作和师德教育，把教师职业理想、职业道德教育融入培养、培训和管理全过程，构建覆盖各级各类教育的师德建设制度体系。建立教师入职宣誓制度，健全完善教师绩效考核管理制度。完善教育、宣传、考核、监督与奖惩相结合的师德建设机制。实行师德"一票否决"。加大优秀教师先进事迹宣传力度，引导广大教师争做"四有"好老师。

（2）提升教师队伍素质。加强教师培养，推进教师培养供给侧结构性改革。重点建设一批教师教育基地。支持建设7个教师教育协同发展中心、350个示范性教师教育实践基地。开展教研人员全员培训。实施职业院校教师素质提高计划，加强职业院校"双师型"教师队伍建设。启动高校千名中青年骨干教师培育计划，继续实施高校引进海外高层次人才"百人计划"、高水平创新团队及卓越学者计划，培养和引进一批学科领军人才。实施广西高校优秀教师出国留学深造项目，选派500名高校优秀教师、管理人员出国深造。

(3) 深化教师管理综合改革。进一步完善教师评价体系，分类推进教师职称制度改革，建立岗位设置结构比例动态调整机制。落实高等学校非实名用人制度。

(4) 提高教师地位待遇。推进教师养老保障制度改革，按规定为教师缴纳社会保险费及住房公积金。扩大高校在收入分配上的自主权，建立以增加知识价值为导向的收入分配机制。

五是，实施教育信息化推进工程。

(1) 加快推进教育信息化基础能力建设。推进各级各类数字校园和智慧校园建设。建设广西电子政务外网教育子网。完善广西教育数据中心建设。建设广西教育公共服务平台和广西教育管理信息系统，提升管理公共服务平台支撑教育业务管理、决策支持、监测评价和公共服务的水平。

(2) 推动构建教育资源服务体系。建设教育资源公共服务平台。引进面向国家课程的数字化教材。鼓励利用云资源平台，整合、汇聚区域特色资源和校本资源。推进各级各类平台互联互通和协同服务，构建数字教育资源公共服务体系，优质数字教育资源基本满足信息化教学需求和个性化学习需求。积极探索在生均公用经费中列支购买资源服务费用机制。建设职业教育专业教学资源库。推进高校在线课程建设，推进课程共享和跨校选课。

(3) 推进信息技术与教育教学融合创新。继续开展"一师一优课、一课一名师"等信息化教学推广活动，鼓励学校积极探索远程协作、实时互动、翻转课堂、移动学习等信息化教学模式，充分利用信息化手段开展区域协同教研，推动形成"课堂用、经常用、普遍用"的信息化教学新常态。加强教师信息化教学应用能力培训。

完成这些建设任务需要投入大量的资金，2016～2019年政府已安排33.22亿元政府性债券资金支持教育园区高校建设。目前，南宁教育园区仅有广西安全工程职业技术学院、南宁师范大学、广西医科大学等少量高校基本建设完成具备入驻条件，广西财经学院、广西民族大学等高校尚未建设完成。桂林高校集聚区尚有不少高校正在进行二期、三期项目建设。为进一步完成教育园区建设，高校建设资金缺口仍然较大，举债建设依然是高校的必然选择，高校债务刚需依然强劲。在目前存量债务未能得到迅速化解，新增债务需求强劲且不断增加的形势下，高校债务风险短期内难以降低。

第三节 现有财政拨款制度覆盖不均衡

政府财政拨款是现有高校发展资金的主要来源，高校获得政府财政拨款水平的高低直接影响到学校的发展建设。如表3-7、表3-8所示，2017年广西政府财政拨款128.35亿元，24所本科院校获得财政拨款88.14亿元，占高校财政拨款总额的68.67%，32所高职高专和成人高校获得财政拨款40.21亿元，占高校拨款总额的31.33%。按照高校管理隶属关系划分，38所区直院校获得财政拨款104.99亿元，占高校财政拨款总额的81.80%，18所市属院校获得财政拨款23.36亿元，占高校拨款总额的18.20%。

表3-7 广西高校2017年财政拨款收入情况

序号	学校类型	财政拨款（万元）	占总额的比重（%）
1	本科院校	881404.12	68.67
(1)	区直院校	742062.05	57.82
(2)	市属院校	139342.07	10.86
2	高职高专及成人高校	402093.53	31.33
(1)	区直院校	307802.53	23.98
(2)	市属院校	94291.00	7.35
	合计	1283497.65	100

数据来源：2017年广西各高校上报的债务报表。

表 3-8　　　　广西高校 2017 年财政拨款收入构成情况

序号	学校类型	财政拨款（万元）	占总额的比重（%）
1	区直院校	1049864.58	81.8
2	市属院校	233633.07	18.2
	合　计	1283497.65	100

数据来源：2017 年广西各高校上报的债务报表。

从生均财政拨款水平分析，2010 年财政部和教育部发文要求，2012 年各地地方高校生均拨款水平不低于 1.2 万元；2014 年教育部又发文要求，2017 年各地高职院校年生均拨款水平应当不低于 1.2 万元。依照中央文件精神，截至 2017 年，地方本专科院校生均拨款水平均应达到 1.2 万元。为统计方便，本书选取教育厅所属的 21 所本专科院校数据进行研究。如表 3-9 所示，本专科院校生均拨款平均水平为 1.46 万元，已经达到中央要求的 1.2 万元标准。但是，21 所高校中仍有 7 所年生均拨款水平低于 1.2 万元。从高校的发展历史分析，广西大学、南宁师范大学、广西医科大学、广西民族大学等本科办学历史比较悠久的高校，年生均拨款水平均超过了 1.2 万元标准。而桂林旅游学院、广西财经学院、桂林航天工业学院、河池学院等新建本科院校，年生均拨款水平仍不足 1.2 万元。

表 3-9　　　　2017 年教育厅所属高校财政拨款情况

序号	学校名称	财政拨款（万元）	折合学生数（人）	生均拨款（万元）
1	广西大学	98835.69	40129	2.46
2	南宁师范大学	30571.35	16916	1.81
3	广西医科大学	41537.63	23780	1.75
4	广西民族大学	33798.11	19812	1.71
5	广西中医药大学	25607.67	15022	1.7
6	广西师范大学	58035.26	35188	1.65
7	桂林医学院	19004.83	13205	1.44
8	广西艺术学院	20619.99	14809	1.39
9	桂林理工大学	46031.64	35003	1.32

续表

序号	学校名称	财政拨款（万元）	折合学生数（人）	生均拨款（万元）
10	右江民族医学院	16470.55	12665	1.3
11	桂林电子科技大学	51587.38	40088	1.29
12	广西科技大学	33513.94	26023	1.29
13	玉林师范学院	21926.48	17542	1.25
14	河池学院	14270.4	12345	1.16
15	桂林航天工业学院	13599.79	14857	0.92
16	广西财经学院	23715.14	26296	0.9
17	桂林旅游学院	10228.37	11971	0.85
	本科院校小计	559354.22	375651	1.49
18	广西幼儿师范高等专科学校	10857.98	7716	1.41
19	广西体育高等专科学校	3797.93	3802	1
20	广西电力职业技术学院	9924.66	10053	0.99
21	广西金融职业技术学院	5487.57	6644	0.83
	高职院校小计	30068.14	28215	1.07
	合计	589422.36	403866	1.46

数据来源：2017年广西各高校决算报表。

综上数据分析显示，政府财政拨款支持力度主要集中在自治区直属老牌本科院校，财政拨款总规模和生均财政拨款规模均排广西前几位。对于新建类本科院校，教学场地设施有限，而需分担的教育教学任务丝毫未减少。因此，新校区建设无法回避，必然需要大量的资金投入用于学校教学场地设施建设。资金来源有限，建设资金需求巨大，新建类本科院校举债进行学校发展建设成为了必然。

财政拨款制度的不均衡，缺乏问题的导向性和扶持对象的倾向性，增加了部分高校举债建设的压力。因此，为促进广西高等教育的健康有序均衡发展，在努力增加教育财政拨款总规模的同时，需要改进和完善高校财政拨款投入机制，缓解发展基础比较薄弱高校的资金压力。

第四节 高校收入来源与债务结构不合理

一、高校收入渠道有限

广西高校收入以财政拨款和学费等财政专户收入为主。如表3-10所示,2017年,广西高校收入总额207.62亿元,其中财政拨款128.35亿元,占收入总额的61.82%;财政专户核拨资金62.34亿元,占收入总额的30.03%;其他收入16.93亿元,占收入总额的8.15%。上述结构显示,财政拨款占据了高校收入来源近2/3的比重,高校对财政收入与的依赖程度比较大。财政专户核拨收入和其他收入两项合计仅占收入总额的1/3左右。

表3-10　　　　　　广西高校2017年收入结构情况

收入类型	金额（万元）	占比（%）
财政拨款	1283497.65	61.82
财政专户核拨	623422.96	30.03
其他收入	169296.45	8.15
合　计	2076217.06	100

数据来源:2017年广西各高校上报的债务报表。

由于广西财力增长有限,近年来高等教育财政拨款规模增长缓慢,且财政拨款中基本支出以满足高校部分人员经费和公用经费为主,财政拨款的项目支出以专项为主,使用方向和范围一般均具有比较严格的要求。专户核拨资金和其他收入以学费收入为主,是高校可统筹资金的重要组成部分,然而,根据现有政策要求,该部分资金绝大部分用于学校绩效工资等人员经费支出。2013年,广西高校学费等收费政策进行过一次较大的调整，调增了部分收费标准，在当时为学校的发展提供了较好的财力保障。之后就一直未进行调整，随着近年来物价水平的增长，学生培养成本不断攀升，学费收入难以覆盖学生培养成本支出。

高校收入结构中，受财政政策等因素影响，可统筹用于学校新校区等基本建设或进行偿还债务本息的收入空间非常有限。对于较多新建本专科院校，依然需要进行大规模的办学条件经费投入，因而其对现有存量债务的偿还能力非常有限。

二、高校收费标准偏低

根据财政部和教育部要求，地方本专科院校生均拨款水平应达到1.2万元/生·年，根据上文分析，2017年广西本专科院校生均成本水平平均已达到1.46万元/生·年，说明培养一个学生财政需要投入1.46万元/年。高校举债办学最终受益者不仅是高校，还包括社会和学生本人，学生对教育成本的分担主要体现在学费收入上。但对比生均培养成本与学费收入水平，还存在差距较大。如广西普通本科学费收费标准还维持2013年物价部门核定的学费标准：农学类专业3800元/生·学年，文史法哲教育学类专业4200元/生·学年，理工管理经济学类专业4600元/生·学年，医学类专业5400元/生·学年。同时，就目前广西高校与全国其他高校的收费标准相比，广西高校教育收费标准明显偏低。对比广东，广东普通本科学费收费标准为理工外语体育类6850元/生·学年，文史财经管理类6060元/生·学年，医学类7660元/生·学年。再与同时期居民消费价格总体水平相比，现行收费标准也偏低，仅仅依据现行收费标准收取的教育事业收入与高等教育事业发展实际需求不平衡，难以满足高等教育快速发展的需要。

梳理目前从国家层面到各地方政府已出台的高校学费政策，不难发现，这些政策始终在市场与计划、公平与效率、改革与稳定三个维度寻求"平衡点"。特别是2005年10月，国务院印发的《统筹推进世界一流大学和一流学科建设总体方案》，明确提出要"按照平稳有序、逐步推进原则，合理调整高校学费标准，进一步健全成本分担机制"。因此，建议教育主管部门全面调研分析现阶段下高校生均培养成本，探索差异化和补偿性的高校学费机制，适当提高教育收费标准，办学成本适当由社会受众群众承担，这样可以减少财政和高校的双重压力。同时，建议给予高校一定的教育收费自主权，在政府统一定价的基础上，允许高校结合自身办学条件，考生报考、就业情况，以及优质学科数量、教师队伍结构等，在一定范围内自主浮动。建议探索公办高校综合改革，比如给予高校一定的生源结构自主权，选择部分公办高校试点"混改"。

三、高校债务结构不合理

近年来，高校债务结构由原来的单一银行贷款形式向以银行款方式为主、政府性债务次之、其他融资方式为辅的结构转变。根据表3-1分析，其他融资方式总额为83926.81万元，占高校债务总额的6.68%。其他融资方式主要包括有融资租赁、融资平台公司、BT项目融资，债权人类型有金融租赁有限公司、投资集团公司、房地产开发有限公司、小额贷款公司。其他融资方式贷款利率较高，一般在6%~10%，某高职院校2016年向南宁市西江小额贷款股份有限公司举借的武鸣校园建设贷款3000万元，贷款利率为10%，贷款期限4年；该高职院校2017年又向平安国际融资租赁有限公司举借的武鸣校园建设贷款8000万元，贷款利率为7.72%，贷款期限8年。2017年某成人高校向平安国际融资租赁（天津）有限公司举借的南宁教育园区新校区土地购置项目贷款2500万元，贷款利率为8.6%，贷款期限8年。

中国人民银行公布的金融机构现行人民币贷款基准利率为：1~5年（含5年）中长期贷款利率为4.75%；5年以上中长期贷款利率为

4.9%。上述广西某高职院校 4 年期融资较中国人民银行同期贷款基准利率高 5.25 个百分点，每年需多支付利息 157.5 万元〔计算公式为：3000 万元×（10% − 4.75%）= 157.50（万元）〕，贷款期限内需多付息 630 万元；上述广西某成人高校 8 年期融资较中国人民银行同期贷款基准利率高 3.7 个百分点，每年需多支付利息 92.50 万元，贷款期限内需多付息 740 万元。2017 年底其他融资方式余额 8.39 亿元，按照平均利率 7% 进行计算，每年需支付利息 5873 万元。相比按照银行贷款基准利率 4.9% 进行贷款，需多支付利息 1762 万元。

其他融资方式的利率一般较银行信用贷款和政府性债券利率高，且融资过程中需要支付一定的手续费和保证金。其他融资方式融资成本高，无疑增加了高校融资的经济压力。如果不能有序引导和控制高校进行其他方式融资，必然带来一定的债务偿还风险，最终需要政府帮助高校偿还该部分贷款本息，增加政府偿债压力。

近年来各级政府加快建立规范的举债融资机制，积极发挥政府规范举债对经济社会发展的支持作用，防范化解财政金融风险，取得了阶段性成效，地方高校债务规模得到有效控制。但当前一些地方高校违规举债行为时有发生，地方高校具有实际偿付责任的新型隐性债务发展情况值得关注。应当进一步规范地方高校的举债行为，切实防范化解地方高校债务风险。

第五节　高校发展规划对债务融资指引不足

前瞻性是高校发展规划的本质特征。高校发展规划是面向未来的，它必须有效预测高校未来的发展机遇与挑战，必须能够提出适应未来发展环境和条件的目标、对策，这是制订发展规划的基本要求，也是发展规划具有前瞻性的表现。

一、高校发展规划的基本特征

高校发展规划本质上是采取一些优化的方案来调适组织与环境之间的关系，进而达到发展的目的。通常情况下，一个完整的高校发展规划应该包括三个部分和四个方面的内容。三个部分是：学校的总体发展战略规划、学科和队伍建设规划、校园发展规划。学校发展规划的三个构成部分之间不是孤立的，而是存在着极其密切的关系：总体发展规划决定着学科和队伍建设规划、校园发展规划；学科和队伍建设规划要服从于总体发展规划，同时又影响着总体发展规划；高校校园规划一般要围绕和配合总体发展规划、学科和队伍建设规划去进行，但又在很大程度上影响和制约总体发展规划、学科和队伍建设规划的制定和实施。四个方面的内容是：学校现状分析、发展目标、发展要素和保障系统。现状分析是对自身所具有的基础进行全方位梳理，明确在同行中所处的位置。学校发展目标是陈述学校在某一时段的发展方向和程度，即学校要办成什么性质和类型以及什么水平的学校。发展要素是规划的主体部分，即学校选择要重点发展的若干项目及领域。保障系统就是指为服务于发展目标和发展要素而需要提供的人、财、物等必要资源及其相关制度。当前，我国高校纷纷抓紧制订和完善本校的发展规划，其主要原因有两点：一是高校自身发展迫切需要科学合理的规划来指引。高校发展水平不仅是投入的竞争，更重要的是产出的竞争即办学质量与效益的竞争。高校不能准确地设计自己的发展目标、选择合适的发展方向，就无法提高质量以同他人竞争。另外，高校的发展，要获得必需的资源支持，（包括政府投入和社会资本的投入）也要求高校有一个科学合理的发展规划。因此，作为高校，最好的应答是尽可能制订能够在最大程度上满足各方需要的发展规划。二是国际、国内同行之间的竞争促使高校积极认真制定发展规划。如何在资源争夺战中立于不败之地，是各个院校的首要问题之一。随着中国加入WTO，高校资源的市场化程度和高校之间的资源竞争会日趋激烈，因此，高校战略规划研究的重要性和必要性会越来越明显。

二、高校发展规划前瞻性缺乏影响债务融资

广西高校债务情况反映出部分高校的发展规划缺乏科学性、合理性，重复建设现象比较突出。部分高校制订的发展规划前瞻性不足，重复建设多个新校区现象明显。比如，目前有2所高校建设有4个校区；有3所高校建设有3个校区。

多校区建设，需要建设多个图书馆、行政办公楼、校门、体育场馆等。高校多校区建设资金需求量大，学校有限的财政拨款收入和自有收入难以满足发展需要。学校因校区建设举债是高校债务形成的主要原因。部分高校缺乏长远发展规划，新校区建设不能一步到位，而是一定阶段建设一个新校区满足短期发展需要。经过一定时间的发展，又不得不建设另外的新校区。缺乏对新校区建设的科学合理规划，重复建设现象严重，造成了资源不能共享，浪费较大。同时，重复的新校区建设，高校随意举债现象比较明显。有的学校既申请政府性债券又申请银行贷款，甚至以融资租赁等方式进行债务融资。为了获得学校建设资金，部分高校未能合理评估贷款风险和学校财务状况，旧债未清又举新债，甚至举借利率较高且有一定手续费的债务。高校若不制定合理的中长期发展规划，未能根据学校的发展实力适度合理举债，未能根据学校的财务状况制定科学合理的债务偿还计划，必然会增加高校的债务风险。部分高校的领导只管借钱不管还钱，没有债务风险管控意识，这必将增加高校今后的债务偿还风险，极易衍变成地方政府债务风险。

三、高校发展规划制订的基本要求

高校发展规划是指导自身行动的纲领，是对未来环境的应对策略。

要制订一个好的规划,既要把握好高等教育发展的时代背景,又要立足于本校实际;既要眼光长远,又要具有可操作性。彼得森(Peterson)提出规划制订的四个步骤对我国高校也有很大的启发与参考价值:环境评估(判断环境大发展趋势或潜在变化及其对大学的影响),大学评估(认清自己的优势、不足和可能性),价值评估(考虑大学各种主体的价值取向及他们的希望和理想,考虑大学对他们乃至社会大众的责任),总计划产生(在前三大要素或步骤的基础上提出发展规划或战略方向)。

在规划制订的具体操作过程中,要达到以上要求,必须把握好以下几点:

(一)发展规划要体现战略管理的理念

从广义上讲,战略是指任何一个组织的有关全局性与长远性的谋划。战略就是组织的管理者决定实现的一整套目标,以及为实现这一目标而制定的作为一般准则的一组政策或规划。战略具有全局性、长期性、系统性、适应性、风险性。战略管理是指对组织战略的管理,包括战略制定、形成与战略实施两个部分,它是组织的日常业务决策同长期计划决策相结合而形成的一系列管理活动。高校发展规划的制定和实施过程实质上就是高校进行战略管理的过程,它必须遵循战略管理的有关规律,而且要贯彻到战略制定、实施、评价、控制整个过程中。

(二)发展规划要建立在对自身核心竞争力和比较优势的认知、培育之上

麦肯锡管理咨询公司认为,核心竞争力或称核心能力,是某一组织内部一系列互补的技能和知识的结合,它具有使一项或多项业务达到竞争领域一流水平、具有明显优势的能力。为了评价并培育核心竞争力,主要应该把握四个方面:确定组织到底具有何种真正出众的独特技能;确定自身优势的核心竞争力能维持多久;正确估计核心竞争力可能创造出的实际价值;实现核心竞争力的整合。核心竞争力必须浓缩,集中到最关键的核心。核心竞争力积累的关键在于创建学习型组织,在不断修

炼中增加组织的专用性资产、不可模仿的隐性知识等。作为大学，要认知自身的核心竞争力，就必须首先对学校的现状作出分析。现状分析要求对自身所具有的基础进行全方位梳理，明确在同行中所处的位置，也就是说找准坐标。只有找准坐标，才能进一步设计未来的努力方向和发展水平。现状分析还要求对自身的优劣有清醒的判断，这在规划中显得尤其重要。现状分析一般从学校教学、科研和管理等领域入手，分类统计在校生人数与结构、毕业生就业率及社会地位、教师队伍数量及结构、专业与学科数量及结构、重大科研项目数量、图书及其他教学与实验室设施等有关数据，并在此基础上对学校的人才培养质量、科学研究水平和为经济与社会服务的能力进行纵向与横向可比性分析，从而获得学校发展水平、发展阶段和发展要素的准确认知。

在对现状进行深入分析的基础上，管理者就能充分认识自身核心竞争力之所在，制订学校发展战略就能抓住主要矛盾和矛盾的主要方面，处理好重点与非重点的关系。我们要认真分析，发展规划的实现要解决的主要矛盾是什么，影响解决主要矛盾和次要矛盾有哪些，一般来说，高校发展的主要矛盾是学科发展的矛盾。其中，发展重点学科是矛盾的主要方面。重点学科发展得好，就可以吸引更多一流的师资、一流的学生，从而培养出更多更高层次的一流人才，创造出更多一流的成果。同时，也会带动其他非重点学科的发展。学科建设的好与坏是高校的核心竞争力强与弱的关键，我们要靠学科建设带动教学科研水平的提高和总体实力的推进，要不断优化和调整学科结构，要考虑到新兴学科、交叉学科和前沿学科，从而集中有限资源发展一些重点的学科和项目。在培育核心竞争力的过程中必须坚持有所为有所不为，要出奇制胜。我们所说的出奇制胜，就是充分发挥出自己的优势。

优势是在比较中产生的，但是这种比较不是自己和自己比，不是在学校内部比，而是与国内外同行比、与同类学科比。高等学校比较优势渗透到学校工作的方方面面。大的来说，有教学、科研和社会服务，科研又有基础研究、应用基础研究和应用研究，教学则包括教学条件、教学方法、培养模式、甚至校园的自然、人文环境等，但是主要是指学科的比较优势。打造比较优势就是要做到人无我有，人有我强。

（三）发展规划要体现前瞻性和可操作性原则

规划是指向未来的，要表明未来时段的事业发展状态，因此要超前一些，有预见的成分；规划要从实际出发，但不是实际的拷贝，不能过于迁就实际，而是要在实际的基础上提出发展的要求，创造发展的条件，制定发展的措施，这就是前瞻性原则。所谓可操作性，就是说规划要能够在现有的或可能的条件下付诸实施。为此，规划必须要有相应的指标体系，有可以获得和测量的可比性数据，要有具体的、可以实施的对策与措施。

（四）发展规划要具备灵活性和博弈特征

对规划对象，高校本身及其周围的环境的认识不可能是确定的，对规划对象控制也不可能是完全的。同时，在高校竞争环境中存在着"有规则的博弈"和"无约束的博弈"，国内高校甚至国外高校用不同的方式来进行竞争。这就要求高校发展规划的制定要将视角更多地集中在他人身上。

学术活动的专门化水平以及这些活动的组织方式，从根本上不利于确定一种完全而详细的中央信息系统。高校周围的环境，因素广泛，变化多端，予以监测和分析是必要的，但不能认为在任何情况下都能确定无疑地认识到环境发展的必然趋势，高校规划者对高校本身及其环境也不可能有牢固而完全的控制。高校的基本特征在较大程度上限制了高校规划者按传统的行政方式操纵专家学者的可能性。因此，只有那些假定对规划对象有不确定的认识、有不完全的控制的规划概念，才对高校的战略规划最有价值。这些类型的规划从它们的假定出发，都强调规划的灵活性，即在规划过程中有能力适应意料之外的环境变化。这类规划在追求灵活性的途径和方法上有所不同。控制论规划中，灵活性体现为，把决策权委托给那些深入而详细地了解哪些背景因素将影响规划过程的人。

发展规划自商业领域引进高等教育系统以来，其普适性和效率性已毋庸置疑。国际经验表明，"发展规划"作为一种未来导向的目标设定和行动方案，在高校内部管理中发挥着行为导向、资源分配、决策协调、参与动员和效率评价的作用。因此，高校特别是高校管理层必须高度重视发展规划问题，在高等教育市场日益激烈的竞争环境中，只有制订有效的发展规划，辅之以相应的领导权威和组织文化，才能真正提高高校的核心竞争力和实现可持续发展，为社会进步和人类福祉作出应有的贡献。

对融资项目缺乏科学性和可行性论证，"资本成本"意识不强，导致融资规模失当。一是，对融资项目缺乏科学性和可行性论证。高校的融资数额一般较大，应进行严格的调查和分析论证，运用现代财务管理理念，如现金流贴现法，科学分析项目的未来经济利益，认清项目的投资报酬率和所融资金成本，合理选择融资项目和融资规模。但目前，部分高校在融资项目决策过程中，存在搞政绩工程现象，脱离自身实际盲目投融资，直接增加了高校还本付息或融资失败的风险。二是，缺乏有效的项目投资经济责任制，所筹资金管理薄弱，增加总体融资规模。一方面，长期以来，财政的"无息贷款"和"无偿捐赠"使高校现代财务管理理念不强，在融资项目确定之后，对融资规模的定位通常以满足项目需要为标准；另一方面，由于融资项目经济责任制的缺失，对所筹措资金的使用情况缺乏检查、监督、审核和绩效评价，导致资金的过度低效使用，不断扩大项目"所需"资金规模，加大资金成本。

第六节　高校面临较大偿债压力

为缓解财政供给困难的矛盾，满足高等教育快速发展需求，我国依据人力资本、教育个人收益、高等教育成本分担理论，进行高等教育收费制度改革。高等教育收费改革的最终目标是建立由政府、社会、学校、学生家长或个人共同承担高教培养成本的有效机制。从实际情况看，一些高校不同程度出现学生拖欠学费的现象，严重影响高校财务正常运行。近几年，许多高校实行后勤社会化改革，但是由于学校与后勤组织的产权不明晰，经营效果不理想，给学校提供的财力支持也非常有限，无法从根本上解决还贷的巨大压力，仅靠高校自身的收费及创收无法化解较大的贷款风险。

一、高校债务偿还能力分析

高校偿债能力是指高校在借款期限内偿还借款本金和利息的能力。偿债能力的大小反映了对债权的保障程度。偿债能力分析建立在现行财务会计报表体系的基础上，主要是对资产负债表提供的相关数据进行加工处理，将格式化的报表数据转化为特定的信息，据以衡量和判断偿债能力的整个过程。

做好高校偿债能力分析，有效控制高校的财务风险，无论对高校、债权人还是教育主管部门等都具有十分重要的意义。对高校本身而言，偿债能力的大小会影响学校的财务决策，如融资项目、融资规模、融资方式等，进而影响整个学校各项事业的发展；对债权人特别是银行等金融机构而言，他们借出资金的主要目的是按照规定从高校那里收回本金并取得利息收入，高校能否按期还本付息直接决定着债权人的信贷决策；对教育主管部门而言，掌握高教行业整体的偿债能力，对其制定行业政策，加强宏观调控也是十分必要的。偿债能力的高低可通过对流动比率、资产负债率、负债自有资金率、速动比率、长期资产与长期资金比率等指标的测算加以核定。

高校的收入来源可分为限定性收入（有指定用途）和非限定性收入（无指定用途）两大类。只有非限定性收入才能作为高校偿还银行贷款本息的资金来源。非限定性收入包括非专项教育经费拨款、教育事业收入、附属单位缴款、其他经费拨款、上级补助收入和其他收入等。

高校变现能力即变现比率,高校变现能力强的资产有未支出的远期现金、政府债券、近期及远期学费收入、教育经费拨款及其增量等。变现比率=(现金+政府债券+学费+教育拨款)/流动负债×100%,该比率越大对贷款越有利。

高校用来还贷的主要是非限定性净收入。非限定性净收入=非限定性收入-必要刚性支出,必要刚性支出=(基本支出-科研支出-已贷款利息支出)+对附属单位补助支出。

高校要扩建、要发展,必须投入大量的资金,通常学校的收入来源中财政拨款和事业收入占学校整个收入的比例高达90%以上。这部分收入仅能维持学校正常办学的需要,大量的建设资金只能通过银行贷款来解决,因此银行贷款已成为支撑高校运作的重要资金来源,各大商业银行纷纷与高校签订合作协议。商业银行之所以不顾放贷风险踊跃授信,原因就是公办高校在体制上享有政府信用的支撑。

自从高校扩招以来,政府在高等教育迅速扩张的同时并未给予足够的保障。资金不足导致高校不得不利用银行贷款来充实办学条件。另外,个别高校在基本建设中盲目追求高水平,更是加深了自身的债务危机。不少地方政府积极投资开发高教园区、大学城项目。在高校建设中,存在大兴土木、超规模建设、土地浪费甚至贪污腐化现象。在执行扩招计划时,存在不顾办学条件盲目扩招生源、上新专业、高成本引进人才等,引起高校经费压力的增加。

高校具有培养人才和使现有资源得到充分利用的双重属性,其发展规律主要体现在教育投资形成良性资产和教育事业投资收益期长等方面。一方面,高校建设投资形成的土地、校舍等办学资源,其中土地、校舍等资源存在长期增值空间,属于良性资产;另一方面,高校是一种具有巨大发展潜力和稳定收入的事业,具有强大的生命力和持久的资金资源。然而,公办高校作为非营利性机构,虽然有稳定的现金流,但短期内却不能形成大量盈余,需要长期积累资金。这就要求高校的发展需要多渠道筹措教育经费，尤其是长期教育投资。但是受我国金融政策和体制的限制，各个高校很难获得长期项目贷款。高校负债结构不合理，主要表现在短期负债太多、长期负债太少，这与高校的发展规律不一致，造成高校财务压力沉重。

高校良性资产不能灵活运用。校办产业、土地等良性资产存在分散使用、体制僵化、流转和再分配困难等问题，使高校不能将这些资产转变成发展资金，从而造成资产闲置浪费和资金紧张问题并存的现象。

高校负债结构不合理。现在高校使用的银行贷款有两种，一种为项目贷款，这类贷款的周期长，风险的可控性较强。另一种为流动资金贷款，这类贷款期限短、资金流动性强、使用灵活、资金利率较低、资金使用率高，负债成本相对较小。高校贷款不论期限长短，最终都要通过现金流量来偿还，如果不考虑负债风险系数的大小，一味追求低成本，过多地使用流动资金贷款，则会导致负债风险的短期集聚，在没有适当的现金保证情况下，就会形成还款困难，出现资金链断裂的现金性财务风险。有些高校在负债额度的控制上以负债利息成本的承受能力决定负债的多少，几乎不考虑学校偿还本金的问题。高校的建设规模与潜在的招生规模不匹配，在目前高校还贷主要依靠学费收入的单一渠道时，高校预期收入无法实现必然造成资金紧张，这将直接影响债务的偿还能力。

虽然说广西区高等教育经费在持续稳步增长，但生均教育经费依然不足，高校办学条件趋紧。由于高校在校人数的不断剧增以及高等教育经费投入没有与扩招后高等教育规模成同比例增长，尽管政府财政性拨款总量逐年增长，但全区高等教育生均教育经费支出始终没有大的改善。

近年来，随着广西高等教育毛入学率的提高，绝大多数高校都面临教学和后勤保障设施不足的问题。为满足高校扩招对教学场地和设施的需要，部分高校大幅举债建设新校区。桂林高校集聚区和武鸣教育园区是广西区政府着力打造的两个教育园区；南宁的仙葫、五合、相思湖等地的新校区建设，以及各地市高校的新校区建设均是近10年来高校举债投入的重点方向，各高校因新校区建设而举借的债务占高校债务总规模的70%以上。债务资金主要用于新校区土地购置、教学大楼、图书馆、实验楼、学生公寓、食堂、体育场馆等基础设施建设支出。另外，例如广西大学、广西民族大学等旧校区规模较大的高校，债务资金主要用于对现有校区教学基础设施、教学仪器设备的更新改造。还有少量高校举借短期流动贷款用于学校的学科建设和人才引进等支出。

此外，值得注意的是，债务资金投向与高校最终承担还本付息的能力也有一定的关系。例如债务资金投向土地购置、教学大楼、图书馆等公益性项目，项目几乎没有收益。其投入成本无法获得可补偿的收益，还本付息能力弱；但如债务资金投向学生公寓、食堂等有一定收益的项目，则其可以取得部分收益作为投入成本的补偿。高校债务资金投向几乎没有收益的教学类项目建设，债务本息的偿还只能依赖于政府财政拨款和学校学费等自有收入。目前，学校有限的资金既要保证学校正常运行需要，又要争取学校更大的发展空间，高校盈余资金有限，偿债压力较大。

二、高校过度负债的风险和偿还压力

在许多高校财力有限的情况下，高校负债确实促进了高校扩大规模，有效改善办学条件，有力推进了高等教育大众化进程，也为今后高校的长远发展打下了坚实的物质基础。但也要看到高校债务负担过重已经成为影响和制约高等教育科学发展的一个突出问题。

（一）资金结构不合理，加大财务风险

银行贷款可以解决高校发展进程中的资金瓶颈问题，但是其作为一种高风险的负债融资方式，依据借款合同规定高校必须按期偿还本金和支付利息，才能避免风险。一旦高校出现不能按时还本付息的问题，将面临银行信用下降，影响学校的财务管理，甚至会陷入财务危机。高校扩张带来的基础投资建设回报周期是一个长期过程，自身的创收能力有限，学费收费标准的政策性限制，高校的职工工资及其福利支出在高校的总体支出中占有很大比重，所以高校无法在贷款期限内获取稳定现金收益，更别提新增资金平衡支出利息。因此，高校必须把银行贷款额度控制在自身偿债能力范围内，保持合理的资金结构。

（二）过度负债会降低高校办学水平

高校疲于偿还债务，只能勉强维持学校日常运转的开支。由于缺乏资金，必备的教学、科研和实验仪器设备无力购买，势必减少高校的教学、科研等内涵建设，这将影响到学校的人才培养质量，进而影响学校的声誉。由于缺少建设资金，导致一些高校基本建设项目无法按期完成，形成一些"半拉子"工程；科研投入不足，学校无法引进急需的人才，甚至导致现有人才的流失；学科建设发展资金无法保障，无力新建和支撑投入大的理工科专业，重复设置低成本学科专业现象严重。部分高校负责人疲于偿还贷款、支付工程款等问题，整日为筹措资金耗费很大精力，甚至焦虑不安，没有精力去谋划和组织高校发展，甚至影响到正常工作。一旦高校的资金链断裂，没有充足的资金保证学校的正常运转及教学进程，教职工的工资福利受影响，难以提供改进教学科研软硬件设施的后续支出，高校正常的教学、科研以及管理秩序可能受到破坏，从而波及在校师生的情绪稳定，进而影响到高校的办学质量和水平。

（三）不利于金融市场的快速稳定发展

随着高校负债规模的逐步扩大，高校负担也越来越重，在巨额债务的重压之下，不少高校需将大部分收入用于偿还巨额本金和高昂的利息，财务状况恶化。一旦由于政策因素或自身偿债能力因素，高校无力支付银行贷款的本金与利息，将导致资金链断裂，高校将陷入财务困境，引发债务危机。随着高校债务问题越来越显露，有的大学已经收不抵支，甚至无法偿还债务利息。高校过度举债不仅影响学校的教学质量，还会通过一系列反应，对金融体系产生潜在的危害，对社会各个方面造成更为深远的消极影响。过度举债会导致贷款到期，学校缺乏现金收入，无法按期还本付息，银行的不良资产会大幅增加，银行收益得不到保障，资金不能回笼，影响银行正常经营，对银行体系的资产安全产生潜在的风险，不利于金融市场的快速稳定发展。

三、加强高校基建项目投资管理

随着广西高校全日制在校生规模不断扩大，全区高校的基本建设项目也进入了一个快速发展时期。

伴随着广西高校基建项目的日渐繁荣，投资控制问题也越来越突出。研究显示，广西大部分高校基建项目在建设过程中常常存在着严重的"三超"问题，即初步设计概算超投资估算、施工图预算超初步设计概算、工程决算超施工图预算，致使工程不能按原计划投入生产和使用，不仅占用了学校的教学和科研经费，而且影响高校的整体建设和规划发展。

投资控制的实施对象是各类工程项目，投资控制的目标是在保证质量、工期的前提下，把建设工程的投资控制在批准的投资限额或合同确定的限额以内。通常情况下，项目业主是投资控制主体，相关主管部门为投资控制监督机构。

（一）广西高校基建项目管理模式分析

依据项目管理主体性质的不同，将广西高校基建项目管理模式主要划分为甲方项目制管理模式、BOT 管理模式（建造—运营—移交）、总承包管理模式和代建制管理模式四种。

1. 甲方项目制管理模式

由高校基建管理部门作为项目甲方，直接与勘察设计单位、施工单位和监理单位签订合同。对于每个在建项目成立项目指挥小组，项目指挥小组由校领导负责，小组成员以基建部门（或国资部门）为基础，财务、审计、教务等其他相关部门派员参加,对建设项目实施全面管理。

这种模式下,项目指挥小组与学校各级单位(学院、系、处、部等)相互熟悉便于沟通,能及时了解使用单位的要求并尽快落实到设计和施工中,从而解决服务对象多样化的问题。但项目指挥小组通常是为了便于项目决策而组建的,缺乏投资管理专业人才,投资控制基本是事后控制。

2. BOT 管理模式

为解决高校普遍面临基本建设资金不足或来源渠道单一的问题,近年来广西高校在基建项目实施中,尝试引入 BOT 管理模式,将社会闲置资金引入高校,鼓励民间投资高等教育。

BOT 合同主体双方是高校与 BOT 项目投资人,相对于投资人,高校既是合作方,也是特许权利授予者和具体 BOT 项目实施的监管者。在 BOT 项目建设、经营和管理上,高校与 BOT 项目投资人的目标取向不同,高校关注的是项目的使用功能,能满足学生的基本学习和生活需求,而 BOT 项目投资人以获利为目的。

3. 项目总承包模式

项目总承包模式由高校和工程总承包商组成。高校基建管理部门作为甲方负责办理项目前期手续,由工程总承包商参与项目勘察、设计、采购、施工、试运行(竣工验收)等全部或部分环节,最后移交甲方。总承包合同规定由总承包商负责全部设计并承担工程全部责任,简化了业主的管理程序,减少了管理成本,有利于工程进度控制。但由于信息不对称,业主方面面临着较大的"道德风险",工程质量的保障全靠总承包商的自觉性。

4. 代建制管理模式

由高校委托代建方对工程项目实施管理,业主不从事具体的建设管理工作。代建合同的标的是工程管理服务,在实施过程中又分为全过程代建管理和两阶段代建管理。

（二）影响投资控制主要因素分析

项目投资控制是项目建议书、可研报告的投资估算、初步设计概算、施工图预算、施工和采购合同与费用结算、竣工决算等分阶段逐步完善的过程，各阶段对项目的投资控制的影响也会不同。

1. 项目前期决策是影响建设项目投资的重要因素

高校基建项目前期工作主要是识别使用需求，明确建设的规模与内容。广西高校建设项目确定规模的主要依据是《普通高等学校建筑规划面积指标》（建标〔1992〕245号文），但有些指标如学生宿舍生均面积指标为6.5平方米/生，不能够满足南方高校需要设立阳台和卫生间的需求。若在项目前期依照指标估算建设规模，后期实施过程中可能会出现超过批复规模的情形，相应地带来超出投资预期的问题。同时，项目建设地点的选择、工艺的评选、设备选用也直接关系到项目投资。因此，项目前期决策阶段对广西高校基建项目投资控制具有纵揽全局的决定性作用。

2. 项目设计阶段对工程造价的影响最为突出

根据相关文献和实际工作，设计阶段对工程造价有重要影响，做好设计阶段的投资控制工作，整个基建项目投资控制工作就成功了一半。初步设计影响工程造价的程度约为20%，施工图设计阶段影响工程造价的程度约为40%，项目施工阶段影响工程造价的程度约为5%~10%。

（三）广西高校基建项目投资控制常见问题

1. 项目业主在建议书、可研阶段故意压低投资

有些高校为了让项目尽快提上日程，事先压低投资规模，预留投资缺口。业主在建议书和可行性研究阶段过于压低造价，必然造成实施阶段的投资无法得到有效控制。

2. 设计变更大

有些建设单位急于开工，又没有做好必要的准备，对投资额度的需求、建设规模的把握、装修标准的定位、设计深度的审查，甚至对招标

文件和承包合同的周密程度没有严格把关，边施工边变更。有的项目一改再改，而对其更改的必要性和合理性又没有进行深入的论证和有效的监督，对更改造成的损失也没有制订相应的追究责任的制度。设计优化应该被鼓励和允许的，但从另一个角度来讲，如果用当时方案批复的投资，来控制优化后的方案，不可避免地会出现各种投资的问题。

3. 工程监理人员对投资控制不够重视

广西高校建设项目相对集中，时间紧、工作强度大，业主一般通过工程监理人员来进行项目管理工作，但监理人员在工程监理过程中往往忽略投资控制这一关键环节，主要关注的是质量控制、安全控制和工期控制，工程监理人员在项目建设期才介入，认为投资控制是额外的工作，对设计变更（或材料变更）是否必要、签证是否合理并不关心，有些监理代表对预算定额和有关规定掌握不够等，都会造成高校建设资金的浪费。

（四）对策及建议

1. 引入全过程投资管理投资监理

建议广西高校在校区规划阶段（或是项目建议书阶段）引入全过程投资管理服务。投资监理在规划阶段合理确定项目的建设规模及标准，参考同类型项目编制投资估算，使投资估算能起到控制项目总投资的作用，并推荐有实力的设计单位供业主选择。设计阶段编制设计任务书，组织或聘请有相关经验的专业人员进行多方案比较和价值工程分析，一旦设计的规模和标准超过设计任务书，投资监理会告知业主和设计人员关于设计变动而产生的投资变化情况，供业主决策以确定是否进行设计变更。在招标阶段编制以施工图预算为基础的标底（控制价），确定工程的发报价。在工程实施阶段主要是合同管理和施工管理。预结算阶段核准工程量，审核工程取费。

高校应该有严格的评价体系对全过程投资管理企业进行评价，通过该评价体系来选择合适的投资监理。对投资监理主要从以下几个方面进行评价：

（1）企业业绩情况：包括相关项目业绩、企业资质、企业信誉、企业经营状况、企业背景等。

（2）项目投资控制能力：包括项目投资控制工作的实施程序、数据库投资指标建设情况等。

（3）投资控制项目经理职业资格的要求：投资控制项目经理不仅要熟悉工程造价管理，而且要熟悉设计管理、施工管理以及有关政策法规、合同和现代项目管理技术等多方面知识，并具备很强的判断力、分析决策能力与丰富的工程经验，同时还要注重对从业人员的职业操守、道德和信誉的考核。

通过全过程投资控制，将广西高校投资从简单的事后控制转为事前、事中、事后全过程控制，达到控制投资的目标。

2. 积极推行限额设计

限额设计是将工程投资目标进行分解，按上一阶段确定的投资目标来控制设计，工程量为其主要的控制内容。项目业主选择设计单位时明确提出限额设计，促使设计单位加强造价控制，达到技术与经济的统一。初步设计总概算是对（经审批的）工程投资总额的细化，是工程投资目标控制的关键。限额设计应贯穿于设计工作的全过程，在施工图设计阶段，当建设规模或设计方案发生重大变更时，需要重新编制或修改初步设计概算，并按原程序报批。

通过推行限额设计，提高设计的经济性，控制主要的造价影响因素，从而达到投资控制的目的。

3. 重视项目全过程造价跟踪审计

全程跟踪审计作为一种新的审计方式，跟踪审计的内容广泛，涉及面很广。实践证明，只有深入现场，从源头找出超投资的问题所在，抓住重点、注重程序，才能有效提高高校基建项目投资控制的效率和质量。

第七节 高校债务监管环节依然薄弱

一、高校债务监管相关规定

2013年,广西教育厅和财政厅联合发布了《关于进一步加强公办普通高等学校银行贷款监管的通知》,其中规定:

(一)高校新增贷款行为监管的范围

加强对以公办高等学校为借贷主体的所有银行贷款行为的监管,高等学校所有新增银行贷款行为都应向主管部门和财政部门申请,经审核同意后方可举借,不得违反规定擅自举借债务。对未经审核同意擅自向银行贷款的高校,自治区财政将减少或停止安排高等教育项目经费。

(二)严格控制贷款规模,完善高校财务风险防控机制

1. 严格控制高校贷款规模

主管部门和财政部门要在充分考虑高等学校事业发展需要和实际偿还能力基础上,严格控制所属高校贷款项目和规模,合理利用信贷手段适度负债,促进高校持续健康发展。

2. 完善高等学校财务风险防控机制

坚持事业发展需要与实际经济承受能力相适应原则,根据高校贷款额度、贷款期限、收入状况以及实际偿债能力进行贷款风险评价,防止脱离实际利用贷款大搞建设和超标准建设的浪费行为,厉行节约,量力而行。

3. 强化和落实高校贷款主体责任

贷款高校作为贷款主体和还款主体,承担贷后管理和偿还贷款的所有责任。贷款高校要建立偿债保障机制,制订切实可行的偿还贷款计划,通过优化贷款资金结构,加强贷款资金管理,降低贷款成本,提高

贷款资金使用效益。

（三）完善高校新增贷款审核程序和内容

1. 明确高校新增贷款审核职责

高校新增贷款审核按照高校财务管理体制执行，其中：纳入广西教育厅预算管理的高校由广西教育厅会同广西财政厅审核；纳入区直行业主管部门管理的高校由相关区直部门会同广西财政厅审核；市属高校由所在市相关部门审核。

2. 规范贷款审核程序

申请新增贷款的高校在履行校内决策程序确定贷款申请额度、期限和还款计划后，根据财务隶属关系向主管部门和财政部门提出贷款申请，并提交如下材料：①申请新增银行贷款的请示；②经批准的高校总体发展战略规划、学科与师资队伍建设规划和校园建设规划；③投资主管部门建设项目立项批复复印件（涉及建设项目贷款的）；④贷款可行性研究报告。

3. 完善高校新增贷款审核内容

各主管部门和财政部门收到高校申请贷款材料后，应尽快组织对申请贷款项目进行评审，根据评审结论作出同意或不予同意的结论批复申请高校。

高校主管部门和同级财政部门要切实加强对所属高校新增贷款的审核，评审的主要内容包括：贷款的必要性；贷款预期用途的合理性和效果；分年度贷款计划和偿还计划的合理性；偿债能力；贷款风险程度等方面的内容，重点对学校偿债能力、学校资产负债、未来收支情况等贷款风险程度进行评审。

下列贷款申请，不予同意：①以未经投资主管部门批复同意立项的建设项目名义申请贷款的；②学校贷款规模过大、存在较大财务风险的；③贷款用于日常运行及人员支出的。

（四）加强高校贷款资金管理

按照"谁贷款、谁负责"的原则，贷款高校承担贷款管理和偿还的主体责任，对全部贷款资金使用的安全性、合规性和有效性负责，按期偿还贷款本息。各有关高校要健全贷款资金监管制度，完善贷款风险防范机制，对用于基本建设、基础设施改造、设备购置等方面的贷款，必须按国家和自治区规定的程序办理，降低成本，提高效益。

各有关高校在批准的贷款额度内，可自主减少贷款规模，或在不改变基本用途的情况下做适当调整。但将非基本建设贷款用于基建项目支出时，应重新按照新增贷款程序履行审批手续。

根据前述分析，近年来广西高校债务上升幅度较大，如不严格控制新增贷款额度则存在一定的政策风险。另外，主管部门对高校新增贷款的监管主要侧重在贷款额度的审批上，缺乏对高校后续举债行为的监控和指导。主管部门对高校举借银行贷款的利率和期限没有提出要求，利率高低和期限均由高校和银行洽谈确定。由于缺乏必要的监管，个别高校在银行贷款过程中容易出现与银行进行利益勾结、甚至出现舞弊行为，举借利率较高的银行贷款，且贷款期限比较随意。这一定程度上会增加高校举债过程中的不确定性，增加债务成本和风险。因此，主管部门除加强对贷款额度的监管之外，还应对债务利率幅度和贷款期限进行一定的指导和约束。

根据近几年广西教育厅、财政厅批复的新增贷款额度单位分析，前述以融资租赁等方式举借债务的某高职院校和某成人高校，并未获得该部分融资租赁债务额度的批复文件。融资租赁作为高校融资的一种方式，变相发展为高校的金融负债存在于政府监管之外，这与2013年中央发布的贷款监管通知要求不一致，与近年来发行政府性债券"开前门、堵后门"的原则也不一致。随着融资租赁等新型融资工具逐渐为高校所认识和接受，有必要对融资租赁等举债方式加以适当引导与必要的监管，将由此可能引发的债务风险化解在源头。

二、地方政府债务风险的基本特征

《财政总预算会计制度》规定："负债是一级财政所承担的能以货

币计量，需要以资产偿付的债务。包括应付暂收款项、按法定程序及核定的预算举债的债务、借入财政的周转金等。"地方政府债务可理解为地方政府为了履行其职能的需要，依据信用原则，有偿、灵活地取得公共收入的一种形式。地方债务的常见分类是直接债务、隐性债务，此种划分从政府合约的正式与否；数据的可统计与否来确定的。如果从可能造成财政风险的角度，划分标准就需要考虑从发生到偿还之间，债务所处的位置。按不同债务对政府财政可能造成的风险可以描述为四种相对应的债务：直接的、或有的、显性的、隐性的。其中，直接负债是后果可以预见、无论在任何情况下都存在的负债；或有负债的出现则取决于特定事件的发生，事件的发生可能来自于政府的政策，也可以外在于政府的政策；显性负债是由国家法律或政府签订合同明确规定了偿还条件，到期时政府有法定义务清偿的债务；隐性债务代表道义上的义务，虽然无法律明示，却是在公众期望或社会压力下政府不得不承担的债务。四种债务之间存在交叉，刻画出的政府债务风险是十分复杂的。

地方政府债务风险是地方政府主动举债形成的显性债务风险，具有以下的基本特性：

（1）客观性，地方政府债务风险是客观存在的，它是不以人的意志为转移也不是由于人的心理作用而产生。

（2）可测性，地方政府债务风险是完全可以测量、评估、控制和防范的。

（3）不确定性，这是指地方政府债务风险程度的大小和风险转变为现实损失的时间和地点在事前是不能确定的，也就是具体的时间具有不可知性。

（4）风险的不利性，地方政府债务风险的各种表现形式，诸如发生损失、失败等可能对风险主体来说都将是不利的。

（5）风险与利益的对称性，地方政府债务风险和地方政府债务资金的收益这两种可能性对于地方政府这个主体来说是同时存在的，其中风险是获得利益的代价，而利益是承担风险的报酬。

依据相关的研究可以将地方政府债务风险分为五类：规模风险、结构风险、效益风险、外在风险、隐性债务风险。规模风险是指债务规模过大可能导致的到期债务不能完全支付的风险；结构风险是指地方政府债务中，不同种类的债务对地方财政构成的威胁，这种风险包括直接显性债务的结构、或有债务风险的结构、隐性债务风险的结构以及他们在总债务结构中的构成比例；效益风险是指地方政府举债后对整个社会经济带来的各种效应；外在风险是指由于地方政府无法清偿到期债务所引发的其他风险，当地方政府出现不能偿还到期债务的时候，其可能采用多种方式来偿还债务，这些方式包括挪用其他财政资金、增加税费或向上级政府转嫁债务等多种形式，在这种情况下将可能引发其他财政支出项目资金缺口从而进一步增加社会的不稳定因素；隐性风险是在地方政府举债过程中由于外部环境的不确定性给政府带来的或有风险。

三、地方政府债务风险的监管

（一）地方政府债务风险监管过程

地方政府债务存在着诸多的风险，对其进行监管是十分必要的。地方政府债务风险监管过程一般可分为两个主要过程：风险控制，风险评估（见图3-1）。

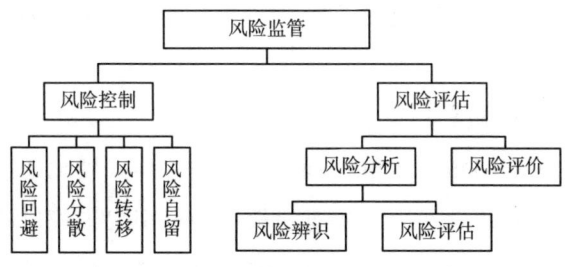

图3-1 地方政府债务风险监管过程

1. 风险分析

风险产生部位以及风险产生时候的查明、风险的量化以及风险大小。

2. 风险估计

风险估计指运用一系列相关理论或方法对风险发生的概率进行计算，并估算出风险在特定条件下可能遭受到的损失程度。从方法上看，风险估计的方法包括主观和客观两种。客观的风险估计是建立历史数据和资料的基础上的；而主观的风险估计是在不能使用客观的风险评估的方法的情况而只能使用根据人的经验和判断来估计风险的方法。在实践中这两种方法常常相结合。

3. 风险评价

在风险分析的基础上对多种的风险进行排序的过程，同时通过制定相应的风险评价标准，从而判断该系统风险的可接受性程度，及需要采取的措施。

4. 风险控制

在风险评估的基础之上，对风险进行决策并实施相应决策的内容总和，以便使整体的系统的风险降低到最小。风险控制一般采用的方法有：风险回避、风险分散、风险转移、风险自留。

（二）地方政府债务风险监管策略

地方政府债务问题是世界各国所面临的共同问题，体现着发展与风险的权衡和博弈。为了规范地方政府举债行为，世界各国通常运用多种手段对地方政府债务风险进行监管，一些好的方法可以为我们提供有益借鉴。

1. 硬化政府间预算约束

所谓硬化政府间预算约束，就是通过立法形式硬化地方政府预算约束，以避免地方政府存在中央政府的救助预期引发道德风险，从而防止地方政府将其债务风险向上级部门转嫁。世界各国特别是实行制度约束型债务管理体制的国家，大多对地方政府债务实行硬预算约束。如巴西《财政责任法》对州预算、人员管理和债务管理等设置了最低标准，该标准通过对地方财政赤字与债务的限制，防范地方政府不良财政行为，以实现硬预算约束。

2. 预算管理

将地方政府债务纳入预算管理的实质不是在预算中简单反映地方政府债务信息，而是明确地方政府债务对其资产负债状况与风险的影响，并据此统筹考虑政府的公共资源配置。实行预算管理之后，政府公共预算应该是一般收支预算与债务预算的有机结合。美国、澳大利亚等国将地方政府债务纳入预算统一管理，对地方政府债务决策起到了约束作用。

3. 规模控制

规模控制是地方政府债务风险管理的重要手段，根据其作用对象的不同，主要划分为以下两种控制方式。第一种模式为需求控制，约束作为借款方的地方政府，包括余额控制和增量控制两种方法。相关指标包括：债务率、新增债务率、偿债率、利息支出率、债务依存度、资产负债率、负债率、短期债务占比和担保债务占比等。第二种模式为需求控制与供给控制相结合，既约束作为借款方的地方政府，也对向地方政府提供贷款的银行及非银行金融机构进行控制。

4. 风险预警

地方政府债务风险预警，从确定风险管理目标开始，然后根据这一目标，对现实存在的各种债务风险进行识别，分别进行定性与定量分析，将结果汇总后提交给风险监控系统，再根据事先确立的风险控制标准，对出现问题的部门与机构发出警告信号，寻找引起风险的原因，给出相应的纠正与化解措施，从而在满足地方政府可持续融资要求的前提下，实现债务风险最小化。在风险预警方面，美国俄亥俄州模式很有借鉴意义。美国俄亥俄州模式是由州审计局负责执行预警制度。首先，对地方政府进行财政核查，以确定地方财政是否已接近紧急状态。其次，如果州审计局发现该地方政府财政状况进一步恶化，则将其从"预警名单"移至"危机名单"。只要有一个地方政府被宣布进入财政危机，该州就相应成立一个"财政计划和监督委员会"的机构来监督和控制该地方政府的财政。在委员会举行第一次会议后的120天之内，地方政府的首席执行官必须向委员会提交一份详细的财政改革计划，以便及时采取有效的措施应对和化解危机。

第四章

国内外高校债务风险防控管理

第一节　国内高校债务风险防控管理

自 1999 年高等教育大扩招以来，我国高等教育实现了飞速发展，取得了辉煌的成绩。至 2019 年底，全国各类高等教育在学总规模达到 4000 余万人，毛入学率达到 51.6%，我国高等教育进入普及化阶段。高等院校的发展离不开教育经费的支持，没有充足的教育经费，再有名气的大学都难逃衰落。为推进我国高等教育事业蓬勃发展，在国家投入增长有限的情况下，为满足相应办学条件，高校不得不负债发展。有关资料显示，2008 年，全国高校负债近 3000 亿元，算上学校工程承建方垫资、社会资本的直接投资和通过信托的内部集资等隐形债务，实际负债可能达到 4000 多亿元。某段时期，全国高校 90% 以上均有不同程度的负债，最高的达 30 亿元。

如何实现负债办学情况下高校的可持续发展，曾经是众多高校面临的一个重要命题。诸如吉林大学，现在全国排名第 10 左右，在东北地区绝对是数一数二的名校。但曾经吉林大学的负债也是出了名的高，最严重的时候负债超过 30 亿元，差点破产。其负债的最主要原因是 2000 年前后，先后合并了吉林工业大学、白求恩医科大学等高校，学校规模一下子扩大了好几倍，学生数量和教师数量都增加了很多，加上承担了合并院校的债务，导致负债额过高，最后政府帮忙减免了部分债务，吉林大学实现了可持续发展。又如浙江大学，现在是国内排名前 5 的 985 高校，风光无限。但 10 年前的浙江大学，负债近 20 亿元！其负债的原因亦是因为合并杭州大学、浙江农业大学等，各种基础设施建设都需要投资，欠的钱越来越多，某段时期曾靠卖地皮偿还利息。由于浙江经济实力雄厚，地方政府为浙江大学注入大笔资金，不仅偿还了债务，学校亦获得了巨大的发展。

2009年起,财政部、教育部在中央高校实施了减轻债务负担、化解债务风险试点工作,取得初步成效。为切实减轻地方高校债务负担,化解财务风险,促进地方高校健康发展。2010年财政部、教育部联合出台"关于减轻地方高校债务负担化解高校债务风险的意见",这是防范地方高校财务风险,建立规范、安全、有效的经费管理机制的重要举措,亦是促进地方高校健康发展、全面提高地方高校高等教育质量、促进地方高校持续健康发展的必然要求。广东、浙江、江苏等省份已先行启动探索化解地方高校债务工作,取得了一定经验,为化解地方高校债务提供了有益的借鉴。

一、广东省高校债务风险防控管理

近20年来,广东省始终坚持教育优先发展,2019年1月省政府印发了《广东省进一步提高高等教育毛入学率实施方案(2019~2021年)》。未来几年中该省将加大财政投入,加大政策支持力度,新建一批高校,改善已有高校的办学条件,通过实施提高高等教育毛入学率方案,扩大高校招生规模,提供更多优质高等教育学位,满足群众不断增长的优质教育需求,培养更多的高素质人才。2019年该省高等教育毛入学率达46%以上,普通高等学校在校生规模达到205万余人,2020年高等教育毛入学率要达到50%以上。

随着广东省高校大规模的扩招扩建,该省高校债务2007年底已达到275亿元,高校贷款总额在全国排名靠前。在2007年政府一次性安排清偿149亿元后,全省高校债务余额下降到125亿元。2008年以来,由于扩招和评估的需要,广东省部分高校新增了贷款,2010年该省高校债务曾达到114亿元,之后逐年开始下降。该省高校负债办学有效推动了高校的建设和发展,经过省财政大规模化债资金的支持和严控新增贷款规模后,总体债务风险处于可控范围之内。

为彻底化解高校债务风险,广东省形成了一套切实可行的高校风险防控措施，贯穿于债务形成、监督和偿还管理的全过程。加快相关政策法规修订，在法律层面上既要保障高校贷款的权利，也对高校贷款申请、取得、使用、归还明确规定，落实法人经济责任制；推动高校实施权责明确的负债决策和执行程序，按照"谁贷款、谁负责"的原则偿还债务；建立高校债务管理信息系统，对高校信用等级进行评定，实行新增贷款联合审批制度；建立债务风险预警指标体系，实现对高校债务的全方位监控；提高生均拨款以及学费的收费标准，负债高校对于收入提高的部分按一定比例提取化债资金；争取社会资本支持，吸引社会力量提升对高校的捐赠，开展合作办学和就业培训等，多渠道提高高校资源，创造效益。

截至 2014 年末，广东省省属高校债务余额为 63 亿元，分布于 30 所高校中，平均每所高校负债 2.3 亿元，从总量上来看广东省高校债务规模有了明显的下降。

二、浙江省高校债务风险防控管理

多年来，浙江省高等教育按照省委、省政府建设"两个高水平"的总体部署，积极推进教育现代化、实施高等教育强省战略，高等教育现代化建设取得了新的进展。2019 年浙江共有普通高等学校 109 所（含独立学院及筹建院校），其中：大学 18 所、学院 20 所、独立学院 21 所、高等专科学校 2 所、高等职业学校 48 所；普通本专科在校生 107.47 万人，其中本科在校生 63.62 万人，高职（高专）在校生 43.85 万人；普通高考录取率维持较高水平，高等教育毛入学率达 61.3%，高于同期全国高等教育毛入学率近 10 个百分点；在学研究生（含非全日制）58858 人，其中：博士、硕士在校生分别为 3039 人、55819 人；普通高校校舍建筑总面积 4265.1 万平方米，图书 12106.16 万册，仪器设备值 292.65 亿元，比 2018 年增加 25.17 亿元。

2000 年以来，为加快浙江省高等教育事业的发展，各高等学校利用银行贷款、财政补助、土地置换、吸引社会力量等办法，多渠道筹措资金建设新校区，加快了办学条件的改善，实现了浙江高等教育的跨越式发展。但该省高等教育发展并不是一帆风顺的，在加快高校事业发展、建设高教园区过程中，也出现了高校负债规模偏大、对财务风险认识不够、还债责任意识不强等问题。诸如上文所述，作为"南方的小清华""东方剑桥"的美誉的浙江大学，即被"背负巨债"所困扰，被称为我国负债最高的高校之一。2013年末，浙江省公办高校的债务额已经达近100亿元，如何化解如此高额的高校债务，是该省高等教育的一个重要课题。

为提高高校收入，浙江省于2014年对高校收费进行结构性调整。一方面，对高校学费收费标准进行了上调。根据该省60所公办普通高校的2013年成本监审数据，该省公办普通高校学生平均教育培养成本为2.7万元，按25%的比例算出来的平均学费为6750元，远高于现行的平均学费。在此之前，该省14年内未曾调整过高校学费标准，但高校办学成本的确在逐年提高。另一方面，改革了高校收费形成机制。高校的学费标准可以基准价为基础下浮，还允许高校自主选择20%以内的专业、在15%的上浮幅度内，自主确定具体学费标准。

为确保浙江省高等教育持续健康发展，该省在上调高校学费的基础上，出台了相应省属高校建立高校负债归口管理制度。将高校债务管理纳入规范化、制度化的轨道，按授信额度、贷款金额和贷款期限，逐年按计划还本付息；切实按照发展需要，根据自身经济实力，分清轻重缓急，合理安排建设项目及进度；实行高校贷款审批制度，各省属高校新增贷款均需报经省教育厅、省财政厅审批；多渠道筹措偿债资金；按照"谁举债、谁偿还"的原则，举债高校作为负债主体，必须承担还债责任；等等。

浙江省相关高校债务风险防控管理机制、制度的实施，有效化解了域内高校的债务危机，实现了高校的可持续健康发展，特别是浙江大学，从负债高校中抽身而出，建设全国一流高校，取得了前所未有的好成绩。

三、江苏省高校债务风险防控管理

江苏省是从文重教的重地,多年来始终坚持教育优先发展,深化现代化高等教育强省建设,努力办好人民满意的高等教育,取得了新发展和新成绩。自 1998 年始,该省高等教育迈入高速发展期,经过近 20 年的发展,实现了重大突破。2019 年底该省共有普通高校 142 所;普通高等教育招生由 1998 年的 8.49 万人增加到 2019 年的 58.5 万人,增长了近 7 倍;在校生由 1998 年的 27.32 万人增加到 2019 年的 187.4 万人,增长了近 7 倍;研究生教育招生由 1998 年的 0.56 万人增加到 2019 年的 7.4 万人,增长了 13 倍多;研究生在校生由 1998 年的 1.55 万人增加到 2019 年的 21.5 万人,增长了近 14 倍;高等教育毛入学率由 2000 年的 15% 增加到 2019 年的 60.2%,增长了近 4 倍多,高于全国平均高等教育毛入学率 51.6% 近 10 个百分点。江苏高等教育早于全国两年进入大众化阶段,早于全国五年进入普及化阶段,为江苏省经济社会事业的发展作出了重大贡献。

江苏省在教育快速发展的同时,为适应办学规模的扩大,坚持政府主导作用,引进市场机制,多渠道筹措社会资金,加快改善办学条件,为强化江苏教育大省的地位做出了贡献。但由于种种原因,江苏高校也产生了相当数额的债务,对高等教育进一步发展带来了很大影响,为各高校带来沉重债务负担,化解高校债务成为当务之急。2006 年,江苏高校负债总额达 140 亿元,20 所省属高校普遍负债运营,至少占总资产的三成,部分高校超过 60%,债务沉重,付息压力大、资金周转困难,已经影响到高校的可持续发展,影响了高校内涵建设和服务经济社会发展能力。

为有效化解高校由扩大办学规模形成的债务风险,促进高等教育持续健康发展,江苏省被财政部、教育部列为全国高校化债试点省份。自 2008 年 11 月起正式全面启动省属高校债务化解工作,力争分五年安排

122 亿元化债补助资金，有效减轻高校过重债务负担，将高校债务风险降到合理区间，促进高校加强内涵建设、提高办学质量。

江苏省为做好化解高校债务工作，按照"统筹规划、分类处理，高校为主、财政支持，长效管理、严控新债"的原则，充分发挥公共财政政策导向功能，建立以高校为责任主体、政府适当资助的工作机制。一是抓紧制订化解债务具体方案，各高校要统筹考虑整个化债工作，制订周密的工作计划。二是认真落实化解债务资金。高校积极从学费收入、老校区置换收入和产学研合作收益中筹措经费，省财政安排专项经费给予定额补助。三是严格控制新增债务发生，切实防止出现"旧债未化、新债又生"的现象。四是完善高校经费保障机制，省财政逐步提高生均拨款标准，逐步加大专项资金支持力度。

四、安徽省高校债务风险防控管理

2010 年安徽省普通本专科在校生 93 万人，研究生在校生 3.90 万人，高等教育毛入学率 24.30%。2019 年该省共有普通高校 112 所（另有独立学院 8 所），研究生培养单位 21 个，普通本专科在校生 124.1 万人，研究生在校生数 7.03 万人，省属高校校均在校生规模为 1.03 万人。

安徽省高校经过近 10 年的快速发展，高等教育取得了巨大成就，但也产生了一系列制约高校发展的矛盾和问题，高校巨额债务风险便是突出矛盾之一。巨大的债务压力既不利于安徽高校教学科研活动的顺利开展，更不利于安徽高等教育强省战略的实现。

2008 年末安徽省属高校贷款总额为 85.5 亿元，2013 年安徽有 62 所高等院校举借了银行贷款，占公办全日制院校总数的 81.6%，银行贷款本金余额共计 93.8 亿元，比 2012 年增加将近 4.3 亿元，校均贷款规模 1.5 亿元，生均贷款 1.3 万元。

安徽省根据各高校负债情况，采取了分类处理化解高校债务风险防控管理措施。对于债务规模小，通过提高生均拨款解决；对于债务规模较大的，提高生均拨款无法完全降低债务规模，由政府出资核减部分债务。对于出现预期不能还款现象的高校，采取债务重组来实现，通过建立省级财政"高等院校债务调剂基金"，分配基金时与高校自身化解债务努力程度挂钩，倾向于积极化解债务的高校；通过税收减免等优惠措施，鼓励高等院校采取土地置换，降低债务规模；完善高校财务预算管理体系，建立健全高校财务风险控制机制，建立绩效管理评价体系。

通过上述分类高校债务风险管理措施，有效化解了安徽省高校的债务风险，实现了全省高校的跨越发展。2020年安徽高等教育毛入学率将达到50%，为加快富民强省建设、促进中部崛起提供了强有力的智力支持。

五、重庆市高校债务风险防控管理

1999年5月，在扩大内需的背景下，当时的国家计委和教育部下达了普通高校扩招计划。高校扩招，在地方人才培养、拉动经济、提高全民素质上起到了十分重要的作用。

1999年重庆市共有23所普通高校，在校本专科学生9.66万人，研究生0.5万人，高等教育毛入学率为8%。经过20年的扩招发展，重庆市高等教育获得极大提升。2019年全市共有普通高等教育学校65所，普通本专科在校生83.49万人，研究生在校生7.26万人，高等教育毛入学率为49.0%。

高校扩招，使众多高校一时间面临教育资源的超负荷运转的情况，对学校基础设施的扩建便成为大多数高校的当务之急。有关统计显示，1999~2002年，全国新建学生公寓3800万平方米，改造学生公寓1000万平方米；新建学生食堂500万平方米，改造150万平方米，相当于建国50年来建设的学生公寓和食堂的两倍。而在财政性教育经费尚欠不足的情况下，各高校便从银行贷取大量款项，用于改善办学条件以吸纳生源。

重庆市高校的贷款额度从2000年的1.86亿元增长到2003年的32亿

多元，短短3年增幅达17倍，相当于高校年总收入的1.5倍，该市高校每年需向银行交纳的利息为1.8亿元。2007年该市高校的负债额已经上升到60多亿元。此后的几年，贷款规模逐渐加大，每年几乎以10%的速度进行增长，到2010年的时候，重庆高校负债率已经接近40%。许多高校的资产负债呈现不同程度的上升，重庆市属某高校2000年以前其累计借款余额为500万元，到2010年其累计借款余额已经高达82200万元，10年间增长近165倍。债务已成为重庆高校不能承受之重。

重庆市为妥善解决高校债务风险，做好债务风险防范工作，2007年曾出台规定，严格控制各级学校的负债率，规定重庆高校负债率不得高于30%，并逐渐加大财政支持力度，提高生均拨款；无偿划拨土地给高校改善办学条件，税费减免以及政府承担部分基础设施费用；鼓励高校通过丰富办学方式、强化校企合作、广泛引入社会企业资金、提供社会咨询服务等方式，加强自我创收能力；提高高校内部的财务管理水平及资金使用效率；明确教育部门内部的贷款审批；强化财政部门高校贷款监督等措施，合理化解高校债务。

高校债务防范与化解，最主要的还是高校本身。在不影响高校教育教学的情况下，高校应该利用自身所有的资源增加高校的收入，在增加收入的同时还应该加强高校的监管，加强成本预算控制。当然，高校属于公益性事业，政府的财政投入也是不可或缺的。因此，政府还应该加大财政支持力度到高校的教育教学上。

第二节　国外高校债务风险防控管理

一、美国高校债务风险防控管理

美国高等教育实力超强、规模超大，属世界第一梯队。无论是高等教育规模、科研实力，还是其对世界高等教育的影响，均处于绝对领先地位。根据上海交通大学2019年的世界大学学术排名，美国高等教育的优势非常明显，哈佛大学连续17年蝉联全球第一，前10名中有8所大学来自美国，前20名中有17所大学来自美国，前500强中美国高校的数量接近1/3。

美国高等教育体系在很多方面都是独一无二的，比如公私立大学并举的高等教育体制、多渠道的高等教育投入机制、以董事会为最高权力机构的大学管理体制、多种类型的高等教育机构等。特别是多元的筹资渠道使高等院校能获得充足的经费，这要远胜于其他国家。

美国高校的经费来源主要包括政府资助、学费收入、学校创收、社会捐赠以及其他收入。不管是公立大学或私立大学，各种经费渠道所占比重不同，但不管哪类学校，借债都是其重要的资金来源。美国高校债务主要有贷款债务和债券债务。根据贝恩咨询公司的测算，美国的非盈利性高校的长期债务以12%的年增速增长。2006~2010年，1692所美国高校的资产负债表和现金流量表显示，其中1/3的高校的财务状况堪忧，众多美国高校债台高筑。但不论是贷款债务还是债券债务，美国均有相应的较为成熟的高校债务管理和防范措施。

美国1965年出台的《高等教育法》就对高校贷款的条件、年限、利率、贷款在各州之间的分配、贷款配套资金、贷款豁免以及接受补助和申请贷款的设施类型等方面作了详细规定，并根据经济形势与高等教育发展状况，及时对高校贷款有关问题作出修正和补充，使高校贷款工作始终有法可依；充分借助于权威的专业市场中介机构对于高校的信用等级进行科学合理的评估，并借助市场手段规范高校发行债券的行为；政府为社会影响力不大、债券评级较低或者学校财政状况不佳，又急需进行融资的高校提供担保或保险。

除政府和市场中介机构从外部对高校债务问题进行有效的干预与控制外，美国高校自身亦非常注意从内部加强对此问题的管理和防范。完善财务管理体系，设计评估指标，严格控制债务风险；制订具有可操作性的债务战略发展计划,及时根据政府政策或市场变化调整债务;拓展筹资渠道,开展学校经营,以缓解学校债务压力。

二、英国高校债务风险防控管理

英国高等教育历史悠久,牛津大学和剑桥大学分别成立于1167年和1209年。英国高校起初实施培养绅士的精英教育、后来不断进行改革推进了英国高等教育的世俗化、平民化与泛智化进程,促进了英国高等教育的发展。2006年英国高等教育毛入学率达到50.5%,就已进入高等教育普及化阶段。根据上海交通大学2019年的世界大学学术排名,前10名中有2所大学来自英国,优质大学区域密度位列全球第一。

英国高校受到英国高等教育资金委员会的严密监督,该委员会掌握着英国各高校的财政清单,设置了防止高校借款过多的监控措施。如果有高校的外债增加到一定水平,高等教育资金委员会将会介入。但近年来,英国高校为了扩建招生不惜借巨额贷款。英国高校债务在过去10年里,迅速翻了两番,高达120亿英镑。爱丁堡大学、格拉斯哥大学、巴斯大学、东安格利亚大学和其他数十所大学从巴布森资本、大都会人寿和西北互惠银行等机构借了数10亿美元。

2018年英国政府取消了PSW(Post Study Work)签证。PSW签证有效期为2年,旨在让拥有本科、硕士、博士以及课程毕业文凭国际留学生在毕业之后,有两年的时间给留学生在英国找到工作。取消了PSW签证以后,让很多留学生一到英国就面临着找工作的问题,最大限度地提高了留学生和移民留在英国的难度。英国政府在此政策下,又遣返了3.6万名留学生。

留学生减少了,英国高校因扩招的债务无法偿还,只能靠着贷款来支付日常开支,导致越来越多的英国高校,面临着负债、赤字、破产的威胁。根据2018年的账面资料显示,英国有19所高校出现亏损,至少有3所大学已经濒临破产。英格兰西北部的1所大学和英格兰南部沿岸地区的2所大学正在承受着沉重的财务压力,正在与有关方面举行危机会谈,其中1所大学已邀请破产律师协助关闭该校一些学系。

面对高校债务,部分英国专业人士建议,变卖学校土地和资产缓解现金流,转住为租,寻找新途径招生,用下一波学费挽救学校于水火之中。

第三节 国内外高校债务风险防控管理启示

通过分析研究国内外相关高校债务风险防控管理经验、措施可知,要想有效防控高校债务风险,推进高校健康可持续发展,特别对于我国高等教育主体力量的地方高校债务的防控问题,必须需要政府、高校和社会三方协调发力,才能做好地方高校债务防控问题。

一、政府层面

随着高校的逐步扩招,财政性投入的比例与学生的增长比例并不一致,导致了高校大量债务的形成,政府应当加大对高校的财政扶持力度。

(一) 加大财政支持力度

政府应当增加财政拨款对教育的支持力度,严格按照国家对教育的财政拨款的规定,达到占同期GDP4%的目标。目前的实际情况我国财政在教育上的支持有限,远远不能满足高等教育随着扩招以来快速发展的需求。

虽然目前我国高等学校办学自主权有所扩大,高校办学经费的筹资渠道也有所增加,但是在我国现行的教育管理体制下,财政经费仍然是高校办学经费来源的主要渠道,要想实现高等教育事业的高速发展,政府的投入力度必须继续加大。迫切需要政府将教育一般公共预算经费占 GDP 的比例提高到 4%，从而更好地保障高等教育的发展需求。

（二）政府贴息、补息

高等教育作为准公共产品，政府有义务也有必要对高等教育进行政策上的支持并为高校提供资金。在政府无法向高校投入更多财政资金用来发展高等教育的时候，政府可根据高校未来的发展前景，对进行银行贷款的公立高校给予贴息支持。采用学校贷款，政府进行贴息的方式进行补息，可在短期内减轻高校因为巨额贷款所带来的高昂利息负担。政府可以利用手中掌握的大量公共资源，对高校进行支持。如政府可以提供政策法规的优惠，无偿划拨土地给高校让其改善办学条件，政府也可以通过税费减免以及政府承担部分基础设施费用等措施对高校实施帮助。

（三）设立"高等院校债务调剂基金"

省级财政设立"高等院校债务调剂基金"，并在分配基金时与高校自身化解债务的努力程度挂钩，以倾向于积极化解债务的高等院校。另需综合考虑不同高校债务形成的原因、实际投资规模大小、投资所形成的优质教育资源数量、招生规模大小及其所产生的社会效益，以及学校近年来在控制债务规模方面所做出的积极努力。

二、高校层面

高校在防范与化解债务时，最主要的还是在于高校本身。在不影响高校教育教学的情况下，高校应该利用自身所有的资源增加高校的收入，在增加收入的同时还应该加强高校的监管，加强成本预算控制。

（一）加强内部控制

应加强学费的催收力度，增强资金自给能力；高校应积极和银行紧密合作，给学生的助学贷款开通绿色通道，以能够确保学费能够按时发放，也解决学生的欠费问题；坚持收益最大化原则，加强成本控制，精简机构，开源节流，提高资金使用效益，以最低的教学成本创造最大的价值。

完善预算政策，使得高校的预算精准，这样对后期的资金需求有一定的计划，能够帮助高校防范和化解债务带来的危机。高校要按照零基预算法则编制预算。加强预算的跟踪分析和评估，主要评估预算收入的完成情况、预算支出的合法性和合理性、资金使用效益等，分析实际执行结果与预算计划的偏差，针对导致偏差的原因，采取切实可行措施。加强支出预算管理，财务部门要严格审核各项支出，必须在年度财务预算或财务收支计划数额以内使用，杜绝超预算和无预算支出，提高高校资金的使用效益。

（二）构建风险预警控制机制

高校应该构建风险预警体系，使得高校能够及时地发现风险，能够第一时间防范风险。可以考虑成立债务管理委员会，这样高校就可以通过该委员会对债务进行梳理与监管，在处理债务问题上有一定的自主权。

高校要适时加强风险自测，向主管部门提供年度财务报告，评估贷款风险。要有效地控制贷款风险的升级，必须要适时自测，根据详细情况掌握学校现有贷款风险强度，制定继续或暂停执行原计划，及时更改制定出切合学校发展需要的行动方案。对高校进行贷款风险的测评。其实质是从负面影响的角度来反映当前高校对风险的承受能力及负债的整体情况，根据测评的比值可管窥被测高校的财务运行状况及学校的近期发展水平。

（三）加强自我创收能力

高校可以借助丰富的教学资源从而提高自身相应的收入。在不影响正常的教育教学的前提下，可以在学校举办和教学资源相对应的培训班；高校利用自身相应的科研成果和人才优势，服务区域经济社会发展需要从而创收；秉承将理论用于实践的思想，利用自己所拥有的科研人才资源提供一系列技术服务，从而从企业获得相应的报酬以增加自身的收入，以缓解高校债务压力，还可以增强本校师生的实践能力；对于高校学生公寓、食堂等大型固定资产可以采取 BTO 融资方式，由项目公司投资建设，并通过收取使用费的方式收回投资，合同期满后高校收回设施所有权；改变学校内部一些已建好的基建资产和一些后勤服务设施的经营管理方式，出售这类资产的经营权，吸引社会投资，缓解债务压力；等等。

三、社会层面

有效防范高校债务风险，除了各级政府和高校自身的努力之外，迫切需要社会关心、社会援助和社会配合。

（一）养成社会捐助风气

高等教育是社会公共事业的有机组成部分，非营利性决定了其生存和发展必须依赖于外部的帮助和支持。在美国，社会捐赠收入仅次于联邦政府的财政拨款而超过了地方政府的拨款总额，社会捐助高等教育事业已经成为一种民族文化。我国高等教育变革亦需要社会的援助，需自觉拿出财物进行支持，养成社会捐助高等教育的风气，激发社会捐赠活力，进而提高高校偿债能力。

（二）强化信贷风险评估

由于商业银行认为高等院校的最后付款人是政府，所以往往忽视对高校的信贷风险控制，甚至在信贷资产中将高等院校的贷款归为优质资产，随意放贷现象严重，导致高校的主要债务形式是银行贷款。

对个别高等院校，由于债务规模畸高，难以将债务规模降到合理水平，可考虑将一部分风险转嫁给商业银行。通过这种方法也是警告银行加强风险评价和风险约束。这种做法也是合情合理，而不是"赖账"。因为个别高校不应有的高债务也是银行不注意管理放贷风险造成的，银行需承担因放贷导致的违约损失，以此约束银行放贷行为，使资金合理流动到真正需要的高等院校，形成良好的"银校信贷市场"，强化银行信贷的风险评估。

第五章

建立科学合理的财力保障制度

第一节 明确政府与高校间权责关系

目前,高校债务风险的根源在于高校财力、事权与支出责任的不匹配。众所周知,高等教育生产出的产品属于准公共产品,其提供的产品具有巨大社会溢出效益,这决定其产生更多的是社会效益,而非经济效益。从而也决定了其在市场经济条件下在高校大举建设过程中,政府天然地必须承担起必要的财政投入职能。而且,如果作为建设主体的高校在建设过程中出现举债建设问题,在其经济效益无法弥补债务风险时,其将更多地是依靠政府进行买单。因此,明确政府与高校间在举债建设中的权责关系,这是优化事权与支出责任的前提基础。其次,支出责任的履行也离不开相应的财力保障,因此必须充分考虑"高校举债行为的受益范围、信息的复杂性和不对称性以及激励相容性"原则,不断加大财政高等教育的投入力度,创新财政拨款方式,以更加科学合理的财力制度保障和财政投入力度,促进高校财力与事权的匹配。最后,要建立健全事权与支出任务相适应的制度来促进债务风险的化解。在政府主管部门方面,要严格依照自身责任范围行事,认真履行债务审批、监管责任,遏制高校盲目举债、不计后果的做法,让高校意识到自身作为受益主体理应合理举债并承担偿债责任,而非一直寄希望于政府为之偿还。在高校层面,要切实履行债务主体职责,坚持"谁举债、谁负责",合理确定适合自身的债务规模,强化债务资金管理,积极接受财政、审计和社会的监督,严格拟定偿还机制,保证其按照"量入为出,收支平衡"的预算制度合理使用资金和偿还资金,提高高校债务利用率,使债务偿还更有保障。

一、政府与高等教育关系

高等教育是一个复杂的社会系统。政府、学校与学生都为社会服务，各自又是社会的一部分，相互不能替代。而社会还包括三者以外的各种利益集体，这些利益又不同程度地影响着政府、学校与学生。政府通过公共财政等管理，支持高校培养人才，满足社会的人才需求；高校作为特定的机构，通过对以教师为主体的教育人员的管理，实施对学生的培养，满足社会的人才需求。简单地说，政府与高校以不同的途径来为社会服务，它们在高等教育中的权力关系，以学生利益为纽带，以服务社会为宗旨。

高等教育的基本关系是教育者与受教育者的关系，教育者与受教育者又共同面对社会需求，具体讲就是职业界的需求。世界上任何一个国家，高等教育都是国家事业的一部分，政府是高等教育的主办者和管理者。尤其是我国政府权力相对集中，政府对高校的管理基本上实行的是集中统一的高等教育管理体制，政府集举办者、管理者和办学者三种角色于一体，身兼数职地对高等教育进行严格的行政性管理和直接干预，使得高等教育资源高度集中并直接由政府进行支配。这种完全由政府垄断的模式必然造成高等教育服务质量差、缺乏竞争力和主动性、效益低下。

《中华人民共和国高等教育法》明确规定：政府管理高等教育的职能主要表现在对高等教育办学体制、高等教育改革、高等教育投入体制、高等教育的管理以及高等学校的学术自由等方面的管理。表明政府已从宏观上界定了高等教育管理的职能范围和管理权限，并给予法律上的保障，这对我国高等教育事业的发展无疑具有重大的推动作用。但由于对这些权力的权限界定并不是很清晰，也就给政府对高等教育的具体管理留下很大的自由发挥空间，以至于在实际操作中有失规范。

在政府提供的公共服务职能上，教育可以说是一种典型代表。在我国由计划经济向市场经济转型的时期，由于市场机制发育还不够成熟和完善，因此，理顺两者之间的关系显得十分重要和关键。在深化高等教育管理体制改革的过程中，政府要以创新、服务精神引领高等教育，避免效率低下、教育资源浪费、教育分配不公等一系列问题。

二、政府与高校权责关系

长期以来，在计划经济体制下，我国基本上实行集中统一的高等教育管理体制。政府对高校一直采取行政命令的方式来管理，包揽了学校的设立、办学和管理等一系列权利，包括高校的经费管理、专业设置、招生计划等活动都直接或间接地纳入政府统一的行政管理范畴当中，在高校的办学、资源投入，成果分配等方面一直占据着主导地位。此外，政府对高校的长期规划、宏观调控、评估监督角色过弱，对具体细节执行角色过重，这样的角色错位也给政府带来了不利影响，无形中加重了政府的责任负担。

为解决条块分割问题，优化资源配置，在中央政府各部门之间、中央与地方政府之间重新确立和划分管理责任与权限，中央政府对高等教育管理体制进行了一系列的改革，对已有的高等教育资源进行了有机整合，"中央和省两级管理、以省级政府管理为主"的高等教育行政体制基本形成，积极加快建设现代学校制度，推进政校分开、管办分离，落实和扩大学校办学自主权已初见端倪。

由于我国有关高等教育行政管理的法律法规不规范，缺乏严格的界定和足够的监督力度，造成政府与高校权责关系出现不理想的状态。一些规范政府行为的法律性规定，在对教育行政部门与高校之间的基本权益和责任关系的划分方面以及不属于行政许可事项的管理方面，政府的基本职能并没有得到明确的规定和限制，政府始终处于绝对优势地位，在权力关系的规定中也是政府想放就放，想收就收，忽视法律的制约和监督。一些教育行政部门直接插手高校办学过程中的内部事务管理，而不是执行其宏观管理职能，高校始终不能摆脱被动从属的地位，在一定程度上阻碍了高校办学自主权的有效落实。

高校在处于被动从属地位的同时，作为知识传播和学术探讨的基地，出于自身的生存和发展需要，往往设法摆脱政府的干预，维护着自己一定的自主权。所谓高校自主权,即政府与高校之间的权力归属问题,实质上是政府与高校权益和责任全面平衡的结果,它反映在高等教育诸多层面与环节上。随着我国高教体制改革不断深入,高校办学自主权的扩大和落实取得了一定进展。

要准确地区分政府与高校之间的权益与责任,并不是简单的,政府对高校权益的需求,往往是由另外一方面的利益变化而引起的。比如,控制招生规模的自主权问题,虽然政府和高校都知道,招生规模与教育质量有关,但彼此都担心对方的控制能力,彼此也都有过超规模招生的决策。因为在政府与高校面前,还有社会需求的压力,普及高等教育是政府和高校的共同愿望。此外,高校还可以通过扩招获取更多的学费,弥补师资和教学条件的不足。到了就业矛盾加剧的时候,政府以质量的名义,检查高校的办学基本条件,下令限制了部分高校招生规模,高校招生自主权的重要性又突现出来。假定高等教育普及程度很高了,高校招生自主权就容易落实。

此外,我们习惯于把垂直的管理体制关系视为教育的权益关系,就像政府管高校、高校管教师、教师管学生一样,以为只要搞好政府与高校的权力关系,其他事情就顺利解决了,其实这种关系不是单向的,而是交错互动的,任何一方都有需求、义务和权力,同时也都受到制约。

三、政府与高校关系重构

政府应该是办教育而不是办学校,对高等教育只能进行宏观和间接调控。政府管理应是"掌舵"而非"划桨",要明确哪些属于该管的范围,哪些属于不该管的范围。政府在社会经济、政治、文化等活动中,是策划者和谋略者的角色,高等教育作为政府提供公共职能的一部分,对其管理也必然要遵守这样的法则。政府对高校的调控应着眼于高校外部的宏观关系的协调和在高等教育的发展方向上,把对高校的管理变成服务。国家应立法明确政府与高校的职责权利,设立相应的监督机制,保证政府不侵犯高校的合法权益。打破政府与高校之间的行政关系，管办分离，逐步取消高校的行政级别和行政化管理模式，落实和扩大学校办学自主权，使高校成为独立的法人实体，逐步实现以教授为代表的学术力量取代以行政为中心的权力系统。

积极鼓励各种正当的非政府力量参与高校办学，并给予他们合理的法律权限和应有的政策保护。同时，在高等教育财政投资方面，抛弃完全由政府提供的财政体制，建立起以政府投资为主、多渠道筹措高等教育经费为辅的新财政体制，调动社会各界参与高等教育管理的积极性和主动性。

具有独立法人主体地位的高校，也应具备独立的办学权。高校校长及其办事机构可按照高等教育的国际惯例，高校在专业设置、招生就业、科学研究、社会服务、经费筹措和人事管理、职称评定等方面应该拥有自主权。在给予高校自主权的同时，也应明确高校自身的责任和义务，让高校对自身的行为负责，是突破放权收权的恶性循环、使高校步入自我发展良性发展的途径。

总之，高校债务风险控制，不仅是财政治理问题，还是行政治理问题。因此，需要建立健全长效管理机制，推进行政管理体系、财税体制等方面改革，保证地方政府、地方高校间的事权和财力的合理匹配，明确政府部门和高校间的举债建设的责任分担，根除地方高校过度盲目举债的内在压力和冲动，推动地方高校适度举债、科学发展。

第二节 改革高校生均拨款制度

高校生均拨款是一个重要的经费分配指标，对高等教育事业的发展起着重要的导向作用，影响着高校的发展和财政资金使用的绩效。《国家中长期教育改革和发展规划纲要（2010~2020年）》明确指出：教育应作为财政支出的重点领域予以优先保障。生均财政拨款水平作为衡量公共财政对教育投入增长的重要指标,是指财政通过公共财政预算安排用于支持高校发展的经费,按在校生人数折算的平均水平,包括基本支出和项目支出,不包含中央财政安排的专项经费。

现行生均拨款制度主要取决于计划内招生人数的多少决定高校所得财政拨款的多少。虽然考虑了不同层次学校和学科之间的差别,但是这种差别太小,缺乏有效分类和合理差异,无法体现不同类型、不同层次、不同专业的办学成本,使拨款数额难以与高校的实际需要相一致。改革完善高等教育生均财政拨款制度,势在必行,对于进一步支持和促进高校内涵式发展具有重要意义。

一、高校生均拨款制度现状

改革开放以来,我国持续快速发展的国民经济对各级各类专门人才产生大量的需求。随着人民生活水平的提高,人们对高等教育的需求亦日益旺盛。1999年,全国普通高等教育在学总规模为413.42万人,高等教育毛入学率10.5%;2019年,全国各类高等教育在学总规模达4002万人,高等教育毛入学率51.6%。20年间,全国普通高等教育在学总规模增加了近10倍,高等教育毛入学率增加了5倍多。随之而来是学校占地面积、基础设施、教学设备、实验室等严重短缺,给高校造成了巨大压力。

虽然,国家对高等教育的投入总量逐年增加,但大多被招生规模的扩张以及物价水平的上涨所抵消。此外,生均拨款政策亦忽视了政策性增支给高校带来的经费压力。近年来随着事业单位绩效工资制度的改革、住房货币补贴等推进,形成学校政策性支出的增加,使学校人均工资水平大大提高,由此增加的人员支出成为高校必须解决的刚性开支,这些都需要高校从生均综合定额中调剂解决,加重了高校经费的压力。综合起来,现行高校生均拨款制度主要存在以下问题:

(一) 缺乏学科专业差异

公办本科高校生均综合定额拨款学科折算系数是按哲学、经济学、法学、教育学、文学、历史学、理学、工学、农学、医学、军事学、管理学、艺术学13个学科大类进行相应的折算，同时增加了部分学科折算系数，但学科细化程度低，不够详尽，难以体现不同学科专业之间的成本、收入配比等差异情况。再如物理学、化学、生物学等理科专业同样需要提供实训中心和大量的实验仪器设备来做支撑，从一定程度上来看，这些理科专业的学生培养成本要高于某些工科专业，但其生均拨款系数却低于某些工科专业。此外，在工科大门类中具体不同的工科专业其培养成本亦差别较大，但在现行生均拨款方案中并未体现出来。总之，现行的拨款模式没有考虑学科专业差异特性，生均拨款学科细化程度较低。

(二) 缺乏动态调整机制

在现行的生均综合定额标准情况下，通货膨胀和事业单位工资制度改革、住房货币补贴等政策性增支带来的经费压力，只能由高校从生均综合定额中自行消化，由此增加的学校人均工资水平支出造成一些高校在维持学校正常运转过程中经费紧缺。

(三) 缺乏绩效激励约束

绩效拨款机制可以采用的指标因素主要围绕高校学科建设在职能方面取得的成果进行设计和度量。但目前政府相关部门在制定生均综合定额时未引入绩效因素，使与绩效相关的激励机制和约束机制缺失。而绩效激励机制的缺失，对调动高校主动提升办学质量的积极性，提高财政资金使用效益产生不良效果，影响高校推进内涵建设；绩效约束机制的缺失也使高校教育经费在分配使用过程中因缺乏明确的评价指标体系和法律法规从而丧失了规范性和公正性。

因此，目前高校仍处于一种教育经费相对不足的状态。以地方普通本科高校生均财政拨款为例，扩招以来在校生数量的增长幅度大大超过了财政拨款的增长幅度，导致生均财政拨款在不断减少。

二、完善高校生均拨款制度的意义

"努力办好人民满意的教育。"是党的十八大提出的重要战略任务。党的十九大报告明确指出,建设教育强国是中华民族伟大复兴的基础工程,要全面贯彻党的教育方针,落实立德树人根本任务,加快一流大学和一流学科建设,实现高等教育内涵式发展。伴随着中国特色社会主义进入新时代,中国特色社会主义高等教育也进入了新时代,这是我国高等教育发展新的历史方位。在这个新的历史起点上,我们必须坚定中国特色社会主义自信,深刻理解和全面把握新时代中国特色社会主义高等教育的要义,矢志不移推进教育改革,扎实办好新时代中国高校,加快建设高等教育强国,为中华民族伟大复兴做出应有贡献。

随着我国高等教育大众化进程和管理体制的不断改进,地方高校将在建设高等教育强国和人力资源强国方面,发挥越来越重要的作用。如何加大对地方高校的投入,建立长效机制,是我国教育面临的一项重要而紧迫的任务。而通过提高生均拨款的标准、改革生均拨款制度的办法,是实现这一任务的重要举措和有效途径,对于地方高等教育的发展有着重大而深远的意义。

《国家中长期教育改革和发展规划纲要(2010～2020年)》明确指出,要保证教育财政拨款增长明显高于财政经常性收入增长,并使在校学生平均教育费用逐步增长,保证教师工资和学生人均公用经费逐步增长,逐步提高国家财政性教育经费支出占国内生产总值的比例。

所以说,高等教育作为社会的一项公共事业,提高高校生均拨款标准具有非常重要的现实意义,首先,提高高校生均拨款能够强化政府责任,优化高校投资结构,体现财政拨款在整个教育经费中的主渠道地位;其次,提高高校生均拨款是履行公共财政职能、强化基本公共服务的具体体现,是坚持教育优先发展、完善终身教育体系、办好人民满意教育的关键举措;最后,提高高校生均拨款可以增强高等院校的办学自主权，使其能够科学地、优化地进行资源配置，有效化解债务风险，保障高等教育事业健康、快速地发展。

三、关于高校生均拨款制度的改革建议

（一）提高高校生均拨款标准

教育财政投入的增加是数量目标，更是质量目标。生均拨款标准不单单是一组简单的数据，更是一个质量标准，它反映了高校的生存运转状态，是一种长效机制，又是一种预警机制。从教育生产函数来讲，教育质量与教育经费投入之间呈正相关关系，生均高等教育经费较低，显然不利于高等教育质量的提高。从国际比较的眼光来看，2019年全国教育经费总投入为50175亿元，比上年增长8.74%，我国教育经费总投入首次突破5万亿元；2019年国家财政性教育经费为40049亿元，比2018年增长8.25%，国家财政性教育经费占GDP比重达4.04%，这是自2012年突破4%以来，连续8年站稳4%。从全世界范围内来看，教育经费占GDP的比重，世界平均水平为4.9%，发达国家为5.1%，欠发达国家为4.1%。所以，作为高等教育质量建设的关键部分，地方本科院校的财政投入保障，是教育财政体制建设最基本的要求。

财政生均拨款是一项重要的经费指标，在我国高等教育事业发展中具有举足轻重的作用。2010年底，财政部和教育部曾在《关于进一步提高地方普通本科高校生均拨款水平的意见》中明确提出，到2012年各地方高校生均拨款水平不低于12000元，这是大幅度增加高校经费的一项重要政策。目前，广西对高校的拨款模式执行"生均"定额拨款制度，即按学生人数、生均拨款定额计算安排财政拨款，其中本科生生均拨款定额为6800元/生·年，高职生生均拨款定额为6000元/生·年。对于现行的生均拨款制度，是以学生人数为主要计算依据，对于学生人数少、规模小的高校难以取得足够的政府财政支持，这些高校为做大做强，不得不采取举债形式来建设和发展。同时，现行的生均定额拨款制度在一定程度

上不利于高校的内涵式发展，难以统筹协调好规模、质量和效益的关系。

教育财政投入的增加，可以推动学校办学条件的改善和教育水平的提升，促进教育公平及教育事业发展，为各级、各类人才的培养提供有力支撑。提高生均拨款标准之后，可以增加经费总量和调控余地，使得经费投入能够满足本科高校的基本需要，同时又能够安排一定的经费，对一些重点学科等给予扶持，有利于逐步化解高校债务，增强高校资源配置的自主权，以保障其健康快速发展的需要。

（二）注重地域差别

长期以来，我国不同地区的经济发展水平不一，区域经济发展的巨大差异正日益辐射到高等教育领域。经济发展水平的不同影响到地区高等教育发展的不平衡，导致各地区政府投入差别很大，有可能形成高校之间强者愈强、弱者愈弱的"马太效应"。此外，在高等教育大众化进程中，许多经济并不发达的地区也承担了一定的高等教育规模，为我国高等教育的发展做出了重要贡献。但对于这些地区来讲，高等教育的规模发展不仅给地方财政造成了沉重的负担，而且由于毕业生就业大部分都流向了经济发达地区，因而地方并没有享受到教育带来的人力资源。由于巨大的外溢效应，地方高等教育有理由得到国家财政的大力资助和补偿，而现有拨款方式中的生均成本方法，除了难以反映学校、专业等差异外，也没有对地区间差异给予足够的考虑，因而导致落后地区的定额拨款显得更加匮乏。

同样，广西的整体经济发展情况也是如此，地区经济发展不平衡。区域发展较为滞后，资金匮乏，再加之地理位置的限制，部分地区高校引进人才也比较困难，人才外溢到经济发达区域的现象也比较常见，需要承担较大的人才引进成本。所以，高校生均拨款制度应适当考虑地域差别，辅以不同的拨款基准定额，或者不同的学科、学生折算系数，通过转移支付弥补地方财力薄弱地区对公共资源的需求，以平衡公共教育资源的分布，更好地增强财政投入的导向作用。

（三）考虑学科专业差异

目前，高校生均拨款的标准，是按哲学、经济学、法学等13个学科大类进行相应的折算，但这难以体现不同专业的成本、收入配比情况，应当更加细化生均拨款的标准。否则，学科细化程度不够就难以很好地反映学科专业之间的办学成本差异。因此，应该进一步细化学科门类，甚至细化至专业类别的拨款系数，实施多参数的拨款模式。例如，理科可以细化为物理学、化学、天文学、地理学等二级学科。

在制订生均财政拨款基本标准时，要充分考虑行业的发展需求和不同专业办学成本的差异，对不同专业的拨款标准按一定的折算系数进行调整，对农、林、地、矿、油等艰苦专业给予适当的倾斜。也可以借鉴国际经验，对高等教育的13大类学科门类设定不同档位不同的专业折算系数，同时根据其教育培养成本、办学质量等因素设定浮动系数。

（四）实施绩效拨款制度

在国外，对于绩效拨款来说，较为普遍的做法是始终保持加强高等教育质量和评估机构的建设。在高等院校和政府之间设立一个独立存在的中介机构，其主要的作用就是进行拨款绩效考评，中介结构涵盖了不同类型的拨款委员会，如英国的英格兰高等教育基金委员会。我国也可借鉴这一经验，设置一个专门的高等教育拨款委员会，定期对高校进行评估考核，并以此作为拨款依据，同时对高校进行监督，考察其拨款用途情况，当然这有待于国家宏观政策的调整和机构的设置。

中国的高等教育财政拨款模式的改革方向要目光向外，多多学习借鉴发达国家高等教育拨款模式及成功经验，并且结合中国自身的实际情况，创造出具有中国特色的绩效模式。合理的拨款制度应该达到引导高等教育实现社会贡献最大化的目的，即引导高等教育在教育数量、教育质量、办学效益等方面的综合贡献达到最大化。相对教育成本的投入性质而言，社会贡献属产出性质，因此应该创建真正意义上的产出型拨款机制，应综合反映教育数量、教育质量、办学效益等指标，从而制约任何一方面绩效过低的现象，而对于其中的每一类指标又可以细化为一些关键性的指标值。指标值的设定也是一个复杂的系统工程，尚需逐步实践与探索，当然也可以从人才培养、科学研究、社会服务与文化传承等方面的产出情况，来作为高校绩效考核的依据。

在生均拨款机制改革中，应逐步建立生均基本拨款与绩效考核相结合的评价机制，或采取各种混合拨款模式。结合具体情况制订精细的绩效考评制度，按照客观公正、简便高效的原则，组织专家或委托中介机构，对高等教育经费投入和使用情况实施绩效评价。按综合考评结果予以表彰奖励，全面提高资金科学化、精细化管理水平，进一步推动高校内涵式建设。通过绩效评估对高校拨款的使用效益、效率和质量进行衡量，决定后续拨款的多少、形式和方法，促进高校之间的良性竞争，使资源得到更为充分、有效的利用。

因此，建议建立以绩效为导向的高等学校生均拨款制度，同时设定基础定额拨款核定依据和绩效预算拨款核定依据。其中绩效预算拨款核定依据可根据教育发展规划重点倾向于近年来重点扶持的新兴专业或有校区建设任务的高校，从而增加财政扶持倾向性和精准性。以绩效为导向的生均拨款制度，不限定基础拨款和绩效拨款的固定比例，基础拨款可维持高校正常运转运行，绩效拨款需从高校发挥的三大作用（包括人才培养、科学研究及文化传承、社会服务及国际交流合作）、未来高校建设发展战略规划（包括高校办学条件、学校重点任务或建设规划）、绩效评价结果（主要是上一年度或上一阶段生均拨款绩效评价结果应用）三大方面进行考量和核拨。通过以绩效为导向生均拨款制度改革，为高校结合自身整体发展战略规划，获得更多的财政支持提供了灵活性强、操作性强的政策依据，也使得政府主管部门的财权下放，有利于进一步提高国家财政拨款资金的使用效益。

第三节　适当提高高校收费标准

高等教育不属于义务教育，向高等教育受教育者收取一定金额的学费是基于高等教育成本分担理论。高等教育的成本分担有利于高等教育公平，符合高等教育的准公共产品性质，即谁受益谁付费，在高等教育已经进入大众化阶段，有利于扩大国民高等教育的总体受教育机会。其次，就"穷国办大教育"的现实国情来说，高等教育成本分担有利于减轻政府财政负担和教育职能转换，有利于提高教育投资效率，并且更好地激励大学生努力完成学业。我国现在实行的是由国家、社会、学生家长和个人三方共同分担培养成本的机制。

科学进行生均培养成本核算，可以极大地杜绝高校乱收费现象，实现教育收费标准的规范化和科学化。高校要结合自身教学工作开展需要，认识到当前生均培养成本核算存在的不足，进而采取针对性的优化措施，为高校综合竞争力的提升奠定基础。

一、高校生均培养成本核算意义

（一）优化教育资源配置

虽然不同地区的高校在教育资源的配置上存在一定的差距，但是高校占有的教育资源总量是有一定限度的，尤其是对于一些高校集中的城市，相互之间对于教育资源的争夺也十分激烈。其中最直观的表现就是高等院校直接费用减少，但是间接费用却呈现出上涨趋势。在这种情况下，以往高校沿用的以数量为根本的成本核算方法，显然难以继续使用，也就无法实现教育资源的最优化分配。通过开展生均培养成本核算，可以根据各个高校的实际情况，以及未来一段时间内各项工作的开展需求，制订更加合理的教育资源配置方案，并且从多个方案中选出一个成本低、浪费少的方案，为强化高校成本控制提供一定的支持。

（二）提高高校管理水平

根据2018年开始实行的《高等院校教育培养成本监审办法》中的相关标准，普通高校行政后勤等工作人员的比例应控制在教职工总人数的12%~15%。而根据2019年《全国教育事业发展报告》中的统计数据,截至 2019 年末,我国普通高等学校教职工 256.67 万人,比 2018 年增加 7.92 万人,增长 3.18%;专任教师 174.01 万人,比 2018 年增加 6.74 万人,增长 4.03%,专任教师占教职工总数的 67.80%,而行政后勤人员占比为 24.7%,远远超过了规定标准上限。

通过开展生均培养成本核算,可以提高高校对于资源、资金利用的管控水平,在满足日常教学需求的同时,又能够稳定经济效益,即可提高高校综合管理水平,又可促进教学质量的提升。

(三) 提供拨款及收费标准依据

现阶段高校收费标准仍然以 1996 年出台的《高等学校收费管理暂行办法》为主要依据,其中明确规定高校最高收费不得超过每年平均教育培养成本的 25%,在一定程度上反映出生均培养成本对高校教育事业发展的重大影响。2013 年浙江省根据省内 60 所公办普通高校的成本监审数据,公办普通高校学生平均教育培养成本为 2.7 万元,按 25% 的比例算出来的平均学费为 6750 元,远高于现行的平均学费。

通过积极开展生均培养成本研究,高校可以根据往年教育经费的支出情况,制订本年度的经费预算,从而提高教育收费标准的科学性。明确生均培养成本,还能够为政府部门确定财政拨款数额提供参考。

二、高校生均培养成本核算方法

(一) 以权责发生制为基础的成本核算

权责发生制是指会计主体收入和费用成本的确认,均以权利已经形成和义务(责任)已经发生为标准。高等学校在学生培养期间教育投入与受益对象的培养往往是不同步的。如教学仪器、设备、房屋、图书等,在一定时期内均为一次性投入,而这些投入可以培养多届学生。为此,需开设待摊费用、预提费用和累计折旧三个总账科目,以正确反映各个会计期间所实现的收入和应负担的费用。基于权责发生制的生均培养成本核算模式的优点在于,能够将高校教学投入和学生培养费用进行直接挂钩,在一定程度上保证了核算过程的透明化,以及最终核算结果的精确化。但是这种成本核算方法在操作过程中需要对多个变量进行控制,因此对实际的操作水平具有较高的要求。

(二) 区分直接成本和间接费用

高等学校各院系的培养成本主要由本院系的直接成本和校级公用经费的分摊两部分组成,即进行校级部门和院系级两级项目管理和成本核算。校级公用支出是各专业学生的间接支出,需按照一定的标准(如学生规模)在各院系之间分摊,而院系级的支出则是对各专业学生的直接支出,可直接计入该专业学生的教育成本中。这样可避免高校非教育成本分摊到学生身上,确保了生均培养成本核算的科学性。只有在生均培养核算中将直接成本和间接费用独立计算,才能提高最终核算结果的精确性,为高校下一步制定收费标准提供参考。

(三) 作业成本法

作业成本法(Activity – Based Costing,简称 ABC),是一种通过对所有作业活动进行追踪动态反映,计量作业和成本对象的成本,评价作业业绩和资源的利用情况的成本计算和管理方法。以作业为中心,根据作业对资源耗费的情况将资源的成本分配到作业中,然后根据产品和服务所耗用的作业量,最终将成本分配到产品与服务。最早是应用于金融、医院等行业的一种成本核算方法,近年来逐渐在国内高等院校中得到推广应用。该种核算方法的应用优势在于实现了成本的合理分配。例如,根据高校往年各项活动中消耗资源的总量,根据一定比例分摊到各个活动环节中,计算出分配到具体活动中的成本,为当年开展生均培养成本核算以及采取成本控制策略提供支持。

三、高校生均培养成本存在不足

(一) 高校成本核算制度有待完善

我国高校属于事业单位,因此在财政来源上也继承了事业单位的特点，即由国家财政拨款，实行事业单位财务会计制度。进入21世纪后，我国高校改革步伐加快，同时根据1999年教育部出台的《面向21世纪教育振兴行动计划》，允许高校扩大普通本、专科招生人数。因此，从1999年大规模扩招以来，国内高校为了提高办学规模、抢夺优质生源，通过向银行借贷、社会筹资等多种形式筹集资金，满足高校扩招和发展需要。在办学规模增加的同时，高校的成本核算制度却没有与时俱进的进行完善，经过初期的发展后，部分高校也面临沉重的债务负担，导致学校的经济成本上升。

(二) 会计核算无法满足成本计量需求

收付实现制是当前国内多数高校进行收付确认所采用的一种形式，此制度虽然实际操作起来比较简单，也不需要进行收支配比，但是容易导致成本计量的真实性下降，很难为高校教学工作的开展提供强有力的支持。例如高校图书馆采购的图书资料、实验室采购的仪器设备等属于一次性投入，高校在这些方面的成本投入可以为当批学生的学习提供方便。但是对于下一批学生来说，是否需要分担这些一次性投入费用，则没有明确的说明，由此也会给生均培养成本的计量造成干扰。

(三) 部分高校乱收费现象仍然存在

近年来，教育部先后出台了多项关于整治高校乱收费问题的文件。例如2016年教育部联合国家发改委、财政部等印发的《关于2016年规范教育收费治理教育乱收费工作的实施意见》(以下简称《意见》)，对高校各方面收费标准作了明确要求。通过《意见》不难看出，现阶段我国高校收费标准是参照生均教育培养成本，并且综合考虑社会、家庭经济承受能力等多种因素而制定的。但是在实际操作过程中，由于高等学校教职工编制扩大，以及校内基础设施建设频繁等因素的影响，导致实际的经费开支超出了预算，有些高校则将多出来的部分以教育收费的形式转嫁给了学生。

四、高等教育成本分担存在不足

教育公平是现代民主社会的主要特征之一,是建设社会主义和谐社会的必然要求,也是社会各界和教育工作者关注的热点问题。我国高等教育已进入大众化阶段,高等教育的准公共产品的特性决定了成本分担成为一种必然,经济发展的成果亦为教育成本分担提供了经济基础。中国实施高等教育成本分担政策后,普通本专科招生由1999年的159.68万人上升到2019年的914.90万人,高等教育毛入学率由1999年的3.6%上升到2019年的51.6%,全国普通高等教育在学总规模由1999年的413.42万人上升到2019年的4002万人,扩大了参与高等教育的机会。

随着高校办学规模的逐渐扩大,高校的成本也在逐年提高,人工成本、建设经费投入大幅度增加,办学条件不断改善,高校还贷和支付利息的压力也不断增大,高等教育成本逐年提高,成本分担存在不足。根据财政部和教育部要求,地方本专科院校生均拨款水平应达到1.2万元/生·年。根据上文分析,2017年广西本专科院校生均成本水平平均已达到1.46万元/生·年,说明培养一个学生财政需要投入1.46万元/年。高校举债办学最终受益者不仅是高校,还包括社会和学生本人,学生对教育成本的分担主要体现在学费收入上。但对比生均培养成本与学费收入水平,还存在差距较大。例如广西普通本科学费收费标准还维持2013年物价部门的学费标准:农学类专业3800元/生·年,文史法哲教育学类专业4200元/生·年,理工管理经济学类专业4600元/生·年,医学类专业5400元/生·年。同时,就目前广西高校与全国其他高校的收费标准相比,广西高校教育收费标准明显偏低。对比广东,广东普通本科学费收费标准为理工外语体育类6850元/生·年,文史财经管理类6060元/生·年,医学类7660元/生·年。再与同时期居民消费价格总体水平相比,现行收费标准也显偏低,仅仅依据现行收费标准收取的教育事业收入与高等教育事业发展实际需要不平衡,难以满足高等教育快速发展的需要。

梳理目前从国家层面到各地方政府已出台的高校学费政策,不难发现,这些政策始终在市场与计划、公平与效率、改革与稳定三个维度寻求"平衡点"。特别是 2005 年 10 月,国务院印发的《统筹推进世界一流大学和一流学科建设总体方案》,明确提出要"按照平稳有序、逐步推进原则,合理调整高校学费标准,进一步健全成本分担机制"。因此,建议教育主管部门全面调研分析现阶段下高校生均培养成本,探索差异化和补偿性的高校学费机制,适当提高教育收费标准,减少财政和高校的双重压力。同时,建议给予高校一定的教育收费自主权,在政府统一定价的基础上,允许高校结合自身办学条件,考生报考、就业情况,以及优质学科数量,教师队伍结构等,在一定范围内自主浮动。建议探索公办高校综合改革,比如给予高校一定的生源结构自主权,选择部分公办高校实行试点"混改"。

2013 年广西、福建、山东、湖北、天津等地先后上调了高校学费,其中广西涨幅 36.2%、福建涨幅 20%、山东涨幅 21%、湖北涨幅 25%、贵州涨幅 34.6%。近几年来,江苏、宁夏等省(自治区、直辖市)也已调整公办高校的学费标准,其中江苏涨幅 17%。2015 年浙江也调整收费标准,为了尽量减少提高学费标准带来的影响,该标准实行"老生老办法,新生新办法"。并且高校的学费标准可以基准价为基础下浮,还允许高校自主选择 20% 以内的专业、在 15% 的上浮幅度内,自主确定具体学费标准等。

但高等教育过高学费也会挫伤家庭经济贫困、生活在边远地区以及少数民族地区低收入家庭子女接受高等教育的积极性。低收入家庭不仅在选择学校上处于弱势地位,在专业的选择上更是如此,学费过高有可能阻碍部分穷人接受高等教育的权利,从而造成了不发达地区和低收入家庭子女的教育机会不公平现象。

然而,我国现行均等的学费制度忽略了家庭差异性、不同地区和不同收入水平的可支付能力等因素,导致目前我国高等教育成本分担制度上还存在一定的不足。

当前的社会中，处于不同阶层的家庭所拥有的经济、财富、资源和地位迥异，所拥有的教育机会也不均等。干部家庭、知识分子家庭和高收入家庭可以让其子女进重点学校、贵族学校接受优质的教育资源。在高等教育进行成本分担、高校实行缴费上学后，学生和家长分担一部分教育成本，家庭差异问题必然会对高等教育公平问题产生影响。一些学生和家庭由于经济贫困，交不起学费而不得不放弃接受高等教育的机会。

我国东部地区与西部地区之间存在区域经济发展不平衡，是世界上地区性差异特征最显著的国家之一。我国西部地区的高等院校数量较少，大量的高等院校集中在东部沿海发达地区。我国东部地区经济发达，经济实力较为雄厚，因而能加大对教育的投入力度，但西部不发达地区经济基础薄弱，较难拿出大量财力投资教育。生活在欠发达地区的群众经济收入较低，还要支付子女接受教育的费用，家庭的教育支出比例远远大于经济发达地区的群众。

第四节　鼓励和引导民间资金投入高校

根据《国务院关于鼓励和引导民间投资健康发展的若干意见》（国发〔2010〕13号）、《国家中长期教育改革和发展规划纲要（2010～2020年）》的文件精神，鼓励和引导民间资金发展教育和社会培训事业，促进高等教育事业健康快速发展。

一、民间资金推动教育事业发展

民办教育属于公益性事业，是社会主义教育事业的重要组成部分，是教育事业发展的重要增长点和促进教育改革的重要力量。要充分发挥民间资金的作用,把鼓励和引导民间资金进入教育领域、促进民办教育发展作为各级政府的重要职责。

健全以政府投入为主,多渠道筹措经费的教育投入体制。加大政府教育投入的同时,采取积极有效措施,鼓励和引导民间资金进入教育领域,形成以政府办学为主体、全社会积极参与、公办教育与民办教育共同发展的格局。

完善民办教育相关政策和制度,调动全社会参与教育的积极性,进一步激发民办教育体制机制上的优势和活力,满足人民群众多层次、多样化的教育需求,探索完善民办学校分类管理的制度、机制。

二、拓宽民间资金参与教育发展渠道

社会力量按照国家有关规定,以独立举办、合作举办等多种形式兴办民办学校拓宽民间资金进入教育领域、参与教育事业改革和发展的渠道;鼓励发展民办高等职业教育,积极支持有特色、高水平、高质量民办高校发展;外商投资公司在我国境内开展教育活动须符合《外商投资产业指导目录(2011年修订)》的规定。允许外资通过中外合作办学的境外一方依照《中华人民共和国中外合作办学条例》及其实施办法参与合作办学。鼓励民间资金与我国境内学校合作,参与引进境外优质教育资源,依法举办高水平的中外合作办学机构。中外合作办学机构中境外资金的比例应低于50%。鼓励民间资金与我国境内学校合作赴境外办学,增强我国教育的国际竞争力。

三、制定完善促进民办教育发展的政策

(一)完善民办学校办学许可制度

进一步清理教育行政审批事项,改进审批方式,简化审批流程,规

范民办学校审批工作。民办学校设置，执行同类型同层次公办学校的设置标准。民办高校申请学士、硕士和博士学位授予权的，按与公办高校相同的程序和要求进行审批。

（二）清理并纠正对民办学校的各类歧视政策

依法清理与法律法规相抵触的、不利于民办教育改革发展的规章、政策和做法，落实民办学校与公办学校平等的法律地位。各级教育行政部门在自查自纠基础上，积极协调相关部门，重点清理纠正教育、财政、税收、金融、土地、建设、社会保障等方面不利于民办教育发展的政策，保护民办学校及其相关方的合法权益，完善促进民办教育发展的政策。

（三）落实民办学校办学自主权

民办学校依法自主制定发展规划，设立内部组织机构，聘任教师和职员，管理学校资产财务。实施高等学历教育和中等职业学历教育的民办学校，按照国家课程标准和有关规定自主设置和调整专业、开设课程、选用教材、制订教学计划和人才培养方案。基础教育阶段的民办学校在完成国家规定课程的前提下可以自主开展教育教学活动；民办学校引进的境外课程需报省级教育行政部门审核，对境外教材应依法进行审定。

（四）落实民办学校招生自主权

支持民办高校参与高等学校招生改革试点。进一步扩大民办本科学校招生自主权，省级教育行政部门可视生源情况允许民办本科学校调整招生批次。完善民办高等专科学校、高等职业学校自主招生制度，有条件的地区教育行政部门可允许办学规范、管理严格的学校，在核定的办学规模内自主确定招生范围和年度招生计划。

（五）落实民办学校教师待遇

民办学校教师在资格认定、职称评审、进修培训、课题申请、评先选优、国际交流等方面与公办学校教师享受同等待遇，在户籍迁移、住房、子女就学等方面享受与当地同级同类公办学校教师同等的人才引进政策。民办学校要依法依规保障教师工资、福利待遇，按照有关规定为教师办理社会保险和住房公积金，鼓励为教师办理补充保险。支持地方政府采取设立民办学校教师养老保险专项补贴等办法，探索建立民办学校教师年金制度，提高民办学校教师的退休待遇。建立健全民办学校教师人事代理服务制度，保障教师在公办学校和民办学校之间合理流动，鼓励高校毕业生、专业技术人员到民办学校任教任职。

（六）保障民办学校学生权益

民办学校学生与公办学校学生同等纳入国家助学体系，在政府资助、评奖评优、升学就业、社会优待等方面与同级同类公办学校学生享有同等权利。

（七）完善民办学校税费政策

民办学校用电、用水、用气、用热与公办学校同价。捐资举办和出资人不要求取得合理回报的民办学校执行与公办学校同等的税收政策。教育行政部门要积极配合协调相关部门制定出资人要求取得合理回报的民办学校、经营性教育培训机构和开展营利性民办学校试点的民办学校享受的税收优惠政策。民办学校向受教育者收取的学费、各种代收代办费用的项目和标准执行相关价格政策。

（八）支持高水平有特色民办学校建设

扶持和资助民办学校提高管理水平，加强教师队伍建设，建立民办学校与公办学校共享优质教育资源的机制，深化教育教学改革，创新人才培养模式，推动民办学校不断提高办学水平和人才培养质量。

四、引导民办教育健康发展

（一）健全民办学校内部治理结构

规范民办学校董事会（理事会）成员构成，限定学校举办者代表的比例，校长及学校关键管理岗位实行亲属回避制度。完善董事会议事规则和运行程序，董事会召开会议议决学校重大事项，应做会议记录并请全体董事会成员签字、存档备查。健全校长和领导班子的遴选和培养机制，实行校长任期制，保障校长、学校管理机构依法行使教育教学权和行政管理权。要切实加强民办学校党的建设工作，实现民办高校党组织全覆盖，充分发挥民办学校党组织政治核心作用，健全民办高校督导专员制度，建立民办学校教职工代表大会制度。民办高校要根据相关规定和实际工作需要，配备足够数量的辅导员和班主任。建立健全校园安全管理和保卫制度，配备安全保卫力量，完善安全防控体系，维护校园安全稳定。

（二）健全民办学校资产和财务管理制度

依法落实学校法人财产权，学校存续期间，任何组织和个人不得侵占学校法人财产。民办学校应将举办者投入的资产、办学积累的资产、政府资助形成的资产分类登记建账，将学费收入、政府资助等公共性资金存入学校银行专款账户，主管部门要对学校公共性资金的银行专款账户进行监管，确保办学经费不被挪作他用。完善财务管理和会计制度，加强财务监督和资产监管，实行财务公开。民办学校应当在每个会计年度结束时依规出具财务会计报告，委托会计师事务所依法进行审计，审计结果报审批机关备案，并向社会公布。

（三）建立民办学校风险防范机制

各地要加强民办学校办学管理信息系统建设，完善办学风险评估、预警机制，制订工作预案。学校主管部门应关注民办学校举办者的运行情况，对举办者非法干预学校运行、管理，抽逃出资，挪用学校办学经费等违法行为要加强监管，对可能影响所举办学校的重大事件及时了解、快速预警，督促学校规避风险、平稳运行。

（四）建立民办学校退出机制

民办学校终止办学，要严格按照法律法规规定的程序，提出清算和安置方案，保证有序退出，保障师生权益，防范国有资产流失，维护社会稳定。民办学校举办者退出举办、转让举办者权益或者内部治理结构发生重大变更的，应事先公告，按规定程序变更后报学校审批机关依法核准或者备案。

五、健全民办教育管理与服务体系

（一）将民办教育纳入地方经济社会发展和教育发展规划

各地在制订本地区教育事业发展规划、调整学校布局时，要充分考虑民办教育的作用，挖掘民间资金的潜力。新增教育资源要统筹考虑公办学校和民办学校的发展实际。

（二）加强对民办学校办学行为的监督

教育行政部门和有关部门要加强协调合作，开展民办学校年度检查，向社会公布检查结果，并将检查结果作为政府资助等扶持政策重要依据，不断完善政府扶持政策体系。健全民办学校督导、评估制度，强化督导专员的责任，发挥中介机构的作用，提高民办学校督导评价科学化水平。将检查、督导、评估作为规范民办教育的重要手段。

（三）提高民办教育管理和服务水平

各地要逐步建立满足公众需求、方便办学者需要、有利于提高政府管理服务水平的民办教育服务和管理信息平台，推进民办教育信息化建设，加强民间资金参与教育事业和社会培训事业的信息统计和发布工作。引导民办教育中介机构健康发展，加强民办教育研究机构建设。积极宣传民办教育先进典型、改革成果和发展成就，积极协调相关部门制定进一步促进民办教育发展的政策措施，营造全社会支持民办教育发展的良好环境。

第六章

构建完善地方高校债务风险防控机制

第一节 健全高校债务管理机制

一、重视高校债务管理工作

加强高校债务管理关系到学校运行安全和稳定，关系到学校信誉和学校的社会形象，高校必须高度重视学校债务管理工作，坚持科学的发展观和正确的政绩观，从有利于教育事业改革与发展出发，正确处理好眼前与长远、事业发展需要与实际经济承受能力的关系，树立勤俭办事业的思想，牢固树立风险防范意识，坚持量力而行，坚决反对一切互相攀比、贪大求全、追求奢华、超标建设的浪费行为。

教育事业是社会公益性事业，学校的非营利性质从根本上决定了高成本、有偿性的举债资金只能作为学校多渠道筹措办学经费的必要补充。高校必须充分认识到借债的高额利息支出对现有教育资源产生的负效应，要进一步增强成本效益意识，在切实加强管理、提高资金使用效益上动脑筋、想办法，充分挖掘内部潜力，整合全校资源，控制债务规模，降低债务资金成本。要进一步规范奖金、福利、津贴的发放，严格控制人员经费支出，从严安排行政性支出。贷款风险程度评估为高风险的高校不得提高校内津贴补贴标准。

二、固化债务风险管理流程

一是梳理工作流程，规范业务操作。对涉及高校债务的申报、资金分配使用、风险预警等各个业务流程进行修订完善、全方面规范，固化债务管理流程，减少债务风险人为因素。

二是梳理各项法规、制度和程序，健全办事规划和程序制度。确保权力行使和业务活动都能在制度约束下透明、规范、高效运行。

三是全面排查风险点，构建风险防范管理体系。排查相关岗位在履行职责过程和重要业务工作环节中可能存在的风险，构建精准、高效的风险防范体系。明确风险类型（制度流程风险、外部风险），检测风险点、确立风险等级（一般、重大），明确责任主体。根据不同的风险等级，制定相应的处置流程，确保风险得到及时、妥善处置。

四是建立债务风险预警机制。高校应根据自身财务状况，对债务规模和使用情况设立一个合适的预警系数。孟卫东（2008）根据学费收入、贷款额度和学生人数间的对应关系，用生均贷款额来识别贷款风险指数，生均贷款额度在2万元以内，是属于可无风险区或轻度风险区，是高校较合理的贷款规模。教育部于2004年发布《教育部关于建立直属高校银行贷款审批制度的通知》提出了"高等学校银行贷款额度控制与风险评价模型"。高校在债务风险预警方面都可参考。

三、加强债务额度审批管理

总体原则是结合实际情况，严格限额管理，严控新增债务，对高校举借债务设置"天花板"。根据国家对公办高等学校化债的有关要求，高校的贷款余额仍要控制在化债前的水平，但结合高校债务规模实际情况，例如控制在化债前的贷款余额，高校将无法获得新增贷款；若不审核新增贷款，则无法实现确定的高等教育发展目标。为此，建议高校新增贷款规模原则上不超过上年债务余额的30%进行总量控制。同时，充分考虑债务风险，按照有关高校的财务状况、债务余额、贷款期限、还款计划和贷款用途，在充分考虑贷款的长期、短期风险的基础上进行审批。对贷款风险防控机制完善的学校优先安排，对各类贷款余额与资产总额比不超过50%、各类贷款余额与当年总收入的比不超过200%、各类贷款余额与当年各种事业收入比不超过300%的高校予以优先安排,对学校教学设备购置和发展改革委立项的大型维修项目,根据新增贷款额度结余情况适当安排。

高校要切实根据发展需要和自身经济实力,分清轻重缓急,合理确定建设项目和安排建设进度。校园土地、校舍等已满足办学要求的学校,不得新增债务用于新征土地和新上建设项目。学校新上项目需要贷款的,要对建设规模、筹资渠道和偿债来源等作充分论证,落实明确、稳定的偿债来源,并报省教育厅、省财政厅审批后,方可与合作银行签订贷款合同。高校举借资金应用于解决制约学校当前和未来事业发展的关键问题以及对学校事业发展有重大影响的项目,不得因对外投资(含对校办产业投资)、科研开发、平衡预算、抵补日常经费开支的不足以及提高或变相提高人员待遇而借债。学校不得为任何单位(含校办产业)或个人的经济活动提供担保。建议财政厅、教育厅采取因素法,通过建立相关指标对高校化债工作进行综合考评,对于债务规模下降幅度大、化债工作努力程度高的高校,给予相应激励。

四、强化高校债务风险管理

为防范和控制债务风险,高校应从自身出发,提高高校管理层和相关财务管理人员对债务风险管理的认识,建议设立债务风险管理组织机构,高校管理层为债务风险管理领导小组成员,下设债务风险管理工作小组,可由财务部门或审计部门承担具体相关风险控制工作。债务风险管理机构主要对高校债务结构进行分析,定期或不定期编制债务分析统计报表,分析债务风险来源,制定债务风险防范措施和债务风险应急响应预案。同时落实明确债务风险管理相关人员的责任,保证债务风险管理落实到位。

研究制订高校债务风险预警机制并进行风险监测,可通过将预、决算报表,债务报告或报表等数据进行关联对比,构建全面的风险预警指标体系。建立债务风险应急响应预案。根据债务风险预警值,确定风险等级，建立不同风险等级的应急响应预案，从而做出不同控制行为决策，将各种可能发生或即将发生的风险损失降到最低。要充分发挥审计、纪检、监察等部门的作用，建立健全学校内部监控制度，全面掌握负债建设项目举借及配套资金的使用情况，对建设项目实行全程控制，严防项目举债突破计划规模和承受能力。强化主管部门和高校管理层责任，在官员政绩考核机制方面要明确其在职期间的"社会经济成效—政绩运行成本—债务风险水平"的联动考核标准，强化其离任审计，增强其预算约束。

教育部、财政部为指导高校加强债务管理，提高风险控制能力，共同组织开发了"高等学校银行贷款额度控制与风险评价模型"。高校应参照模型的方法和思路，研究确定本校合理的贷款控制规模，随时掌握和了解自身的财务风险状况，要按以上模型测算的贷款风险指数、债务率（债务余额与当年可支配财力的比例）、偿债率（年度还本付息额与当年可支配财力的比例）等为依据，对学校债务的规模、结构和安全性进行动态监测和评估。高校年度预算和决算报告，要对债务监测和评估情况作专门说明。债务规模较大（债务余额超过上年度学校总收入的50%）的学校要每半年将监测情况报告教育厅、财政厅。

在债务使用上，建议首先保障重点，债务额度优先保障重大建设统筹推进项目、已开工项目的资金需求，对已招标项目、已立项项目根据贷款额度剩余情况适当安排。其次，建议限定用途，新增债务用途应主要用于学校基础设施建设和教学仪器设备购置，不得用于日常运行经费及人员支出。再次，建议限定期限，高校债务应以3年期以上的中长期债务为主，对举借3年期以下的短期债务和流动资金债务不予审批，以时间换空间，可用债务置换方式解决当前债务风险。最后，建议由财政部门或教育部门组建由专业人士组织的专家组，如项目评估专家组、债务项目专家组等第三方评估机构。对项目的实施提供专业的技术咨询和指导意见，协助主管部门对项目的执行情况及进展进行监督检查，定期提交项目评价报告，并根据项目评价报告对高校融资情况做出分析和评估。

五、推进债务绩效评价机制

在绩效预算改革的基础上，将债务管理纳入绩效评价考核范围，并将评价结果作为下一年度高校新增债务限额分配方案及其他专项资金分配的重要参考因素。绩效评价范围可包括：高校债务融资机制是否健全、债务资金使用方向是否正确、资金使用情况是否及时合理、是否纳入预算管理和限额管理、是否制定风险应急响应预案和风险化解方案、是否建立信息公开制度、是否存在隐形债务等。

债务绩效评价不仅要分析计算直接的、有形的、现实的投入和产出，还要计算分析间接的、无形的、预期的投入与产出，支出绩效既反映为可用货币衡量的经济效益，又反映为大量的无法用货币度量的政治效益和社会效益。评价主体的选择、评价流程的设计、评价指标的选取和分类、数据的收集和分析要符合现代绩效管理理论的要求。同时，还应发挥审计、监督等部门的监督作用，对高校债务项目实施全方位、全过程监控，提高债务资金的使用效率。

六、建立高校债务偿还机制

根据《中华人民共和国教育法》和《中华人民共和国高等教育法》规定，非义务教育学校在民事活动中依法享有民事权利，承担民事责任。举债高校作为借债的主体，承担偿还责任，校（院）长是学校的法定代表人，对偿还债务负有法律责任。高校要本着对国家和事业负责的态度，提高风险意识，完善决策程序，科学论证借债项目和额度，严格明确还款计划，由学校最高决策机构研究决定举债事项。

高校要把债务管理作为学校工作的重点之一，建立健全债务管理工作责任制。债务余额大的学校要成立专门工作小组，校（院）长为工作小组的组长，并指定专人负责银行贷款及其他债务的管理。学校债务管理情况要纳入领导干部任期目标责任制考核内容和学校领导任期经济责任审计范围。

高校可以根据债务项目不同性质，建立不同的债务偿还保障机制。例如针对高校属于满足教育教学建设这样公益性大于经济性项目，可以考虑通过预算约束或财政专项补贴方式解决高校化债问题；而针对高校后勤基础设施建设等可取得可见经济效益的项目，坚持"谁借谁还"或少量财政补贴，用项目收益偿还债务。

高校应在编制部门预算时编制年度还款计划，将债务本息支出列入当年预算，并按照债务本息归还的时间、额度等要求，履行还款责任。继续落实还贷准备金制度，应在年度预算中按贷款余额的3%~5%预留还贷准备金。

第二节　中期财政预测推进高校有序偿债

中期财政规划，又称"中期滚动预算""三年滚动财政规划"或者"滚动式中期财政计划"，是指在编制年度预算的基础上，统筹考虑三年收入和支出需求，按照"近详远略"的原则同步编制后两年收支计划，提前确定三年分年度收入安排和支出重点，以后年度在中期财政规划的基础上编制第二年预算和后两年收支计划，依次类推，滚动编制。中期财政规划是对财政收支的周期性管理，将高校债务纳入中期财政规划管理，有利于高校科学、合理测定举债规模与自身偿债能力的匹配度。因此，要积极探索如何将高校债务项目管理，尤其是政府债券以外的债务融资项目与中期财政规划合理衔接。

一、我国中期财政收支预测概述

中期财政规划是在年度预算基础上，通过科学合理地预测未来三年经济发展和财政收支变化情况，确定财政收支政策的相关改革方案，滚动编制三年预算，实现财政收支的跨年平衡，逐步实现中期预算。在当前国内外经济形势复杂、我国经济处于新常态的背景下，实行中期财政规划管理，对于加强政府预算管理能力、促进财政的可持续发展具有重要意义。

中期财政规划管理框架下财政收支的预测内容包括：预测与分析宏观经济形势、预测中期财政收入与预测中期财政支出。我国的中期财政规划管理是在充分借鉴发达国家几十年实践经验基础上，在经过河北省本级、河南焦作市、安徽芜湖县三级财政试点后，于2015年正式开始启动，目前省、市、县各级的中期财政规划编制工作逐步推进，有序开展。

（一）中期财政规划管理制度

深化财税体制改革是党中央、国务院作出的重大决策，为加快建立现代财政制度、改进预算管理和控制，实行中期财政规划管理应注意把握以下问题：

1. 总体要求

当前，我国经济社会发展面临的国内外环境错综复杂，财政可持续发展面临较多挑战，财政收入增速下降，与支出刚性增长矛盾进一步加剧；现行支出政策考虑当前问题较多，支出结构固化僵化；地方政府性债务存在一定风险隐患；专项规划、区域规划与财政规划衔接不够，不利于预算统筹安排。实行中期财政规划管理，由财政部门会同各部门研究编制三年滚动财政规划，对未来三年重大财政收支情况进行分析预测，对规划期内一些重大改革、重要政策和重大项目，研究政策目标、运行机制和评价办法，通过逐年更新滚动管理，强化财政规划对年度预算的约束性，有利于通过深化改革解决上述问题，实现财政可持续发展，也有利于充分发挥财政职能作用，促进经济结构调整和发展方式转变。

（1）指导思想。深入贯彻党的十九大和十九届二中、三中、四中全会精神，按照党中央、国务院决策部署，认真总结现行财政收支政策运行情况，以问题为导向，研究调整相关财政收支政策，通过科学合理测算，对未来几年财政收支进行统筹安排，提高财政政策的前瞻性、有效性和可持续性，促进经济社会平稳健康发展。

（2）基本原则。

一是统筹当前长远。既要着力应对当前经济发展进入新常态、财政收入增幅回落等问题，也要考虑长远发展，处理好经济建设与民生改善、生态环境保护之间的关系，优化财政资金分配，切实防范财政风险，促进实现国家长治久安。

二是坚持问题导向。针对部分现行财政支出政策"碎片化"、不可持续等问题，从政策内容和运行机制上查找原因，立足基本国情，借鉴国际经验，提出解决问题的改革措施。

三是实施滚动调整。中期财政规划按照三年滚动方式编制，第一年规划约束对应年度预算，后两年规划指引对应年度预算。年度预算执行结束后，对后两年规划及时进行调整，再添加一个年度规划，形成新一轮中期财政规划。

四是强化约束机制。凡是涉及财政政策和资金支持的部门、行业规划，都要与中期财政规划相衔接。强化中期财政规划对年度预算编制的约束，年度预算编制必须在中期财政规划框架下进行。

2. 中期财政规划主要内容

中期财政规划是中期预算的过渡形态，是在对总体财政收支情况进行科学预判的基础上，重点研究确定财政收支政策，做到主要财政政策相对稳定，同时根据经济社会发展情况适时研究调整，使中期财政规划渐进过渡到真正的中期预算。中期财政规划涵盖一般公共预算、政府性基金预算、国有资本经营预算和社会保险基金预算，主要包括四部分内容：

（1）预测现行政策下财政收支。根据国民经济和社会发展五年规划纲要及年度计划，考虑国际国内发展环境重大变化，结合基期年的经济社会发展情况，预测未来三年经济社会发展状况及主要经济指标。在做好经济预测的基础上，按照现行宏观经济政策，预测未来财政收支情况。

（2）分析现行财政收支政策问题。根据对现行政策下财政收支的预测和对现行财政收支政策实施效果的分析，深入查找问题：一是财政收入制度存在的问题。现行税制对促进资源节约和环境保护、化解过剩产能、调节收入分配以及筹集财政收入等方面的作用，部分税制改革政策对财政收入的影响，非税收入管理的规范等。二是财政支出政策存在的问题。一些重点支出同财政收支增幅或生产总值挂钩对财政支出结构的影响，社会保障、医疗卫生支出因人口结构变化的增长情况，一些亟须解决的问题在支出预算中的保障情况，已安排的财政资金由于各种原因形成沉淀的情况等。三是债务风险问题。部分地区地方政府性债务规模较大，存在的风险隐患等。

（3）制定财政收支政策改革方案。一是在财政收入政策方面，财政部门要与税务、海关、发展改革等相关部门协商提出税制改革、重大税收政策调整、清理规范收费和政府性基金项目的路线图和时间表，明确政策目标和政策实施时间，评估政策对经济运行和相关产业的影响以及企业、个人税费负担的变化。二是在财政支出政策方面，财政部门要与相关部门梳理规划期内重大改革、支出政策和支出项目，明确政策目标，列出分年度工作任务和时间节点，说明资金使用对象、保障标准、运行流程，建立预算绩效评价机制，并加大结转结余资金清理力度，减少新增沉淀资金。三是在政府债务管理方面，财政部门要根据财政收支和政府债务风险预测情况，合理确定财政赤字规模、政府债务限额等风险控制目标，将债务分类纳入预算管理，并建立债务风险预警和应急处置机制。

（4）测算改革后财政收支情况。根据财政收支政策改革方案，测算未来三年财政收支情况，并进行综合平衡。

3. 编制主体和程序

财政部牵头编制全国中期财政规划。全国中期财政规划对中央年度预算编制起约束作用，对地方中期财政规划和年度预算编制起指导作用。财政部在下一年度预算编制启动之前，提前编制中期财政规划草案。该草案应征求相关部门和社会有关方面的意见，报国务院批准后实施。

各部门应结合国民经济和社会发展五年规划纲要及相关专项规划、区域规划的实施，按照部门职责分工，研究未来三年涉及财政收支的重大改革和政策事项，并测算收支数额，及时提交财政部汇总平衡。同时，各部门还要编制部门三年滚动财政规划，按照部门预算管理有关规定执行。

各省、自治区、直辖市及计划单列市财政部门要比照中央做法，编制地方中期财政规划，经同级人民政府批准后，报财政部备案。省级各部门、省级以下地方财政部门也可分别编制省级部门三年滚动财政规划和当地中期财政规划。

4. 组织实施

（1）强化组织领导。各部门要抓紧研究相关行业、领域的重大改革和政策措施，积极配合财政部门做好工作。地方各级政府要从推进国家治理体系现代化的高度，切实加强对实行中期财政规划管理的组织领导。地方各级财政部门要因地制宜，细化工作措施，制订编制中期财政规划的具体办法。

（2）增强协调意识。财政部门要主动加强与其他部门的沟通协调，做好中期财政规划与国民经济和社会发展规划及相关专项规划、区域规划的衔接工作。各部门要树立中期财政观念，拟出台的增支事项必须与中期财政规划相衔接，制定延续性政策要统筹考虑多个年度，可持续发展，不得一年一定。对于农业、教育、科技、社会保障、医疗卫生、扶贫、就业等方面涉及财政支持的重大政策，有关部门应会同财政部门建立中长期重大事项科学论证机制。

（3）做好基础工作。各部门要编制好本部门本行业的相关规划，合理确定年度工作任务，及时提供部门基础信息和相关行业数据，为中期财政规划编制提供良好支撑。地方各级政府要尽快落实管理责任，督促财政和其他相关部门做好编制中期财政规划的基础工作。地方各级财政部门要加强财政数据信息管理、支出项目化管理和定额标准体系建设，为规划编制提供必要的人员保障和技术支持。

(二) 中期财政收支预测的主要内容

具体而言，中期财政规划管理框架下财政收支的预测内容包括：

1. 预测与分析宏观经济形势

宏观经济预测是中期财政规划管理中对财政收支进行预测的首要任务。它是根据国内外经济发展形势的变化，结合社会发展的状况，分年度预测国家宏观经济形势的大体走向，包括 GDP、城乡居民收入水平、CPI、城镇失业率、进出口情况、利率、金融市场活跃度、消费者信心等关键数据。我国目前经济发展处于新常态，经济增长存在很多不确定因素，对经济增速、宏观调控政策的实施效果的预测有难度，因此应选择科学合理的模型预测宏观经济形势，进而才能以此为依据，预测未来财政收入规模。

2. 预测中期财政收入

中期财政收入的预测是基于以往财政年度内政府收支情况、当地物价变动幅度、实行的经济政策等主要经济变量的影响，并在考虑未来 3 年左右经济发展趋势、重大财税政策等影响财政收入变动的相关变量走势基础之上，评估相关政策对经济运行及财政收入的影响，运用预测的计量模型，测算下一规划期内财政收入，包括税收收入、非税收入、国有资本经营收入、债务性收入、上级政府转移支付等项目，分析得出滚动预算的未来 3 年的财政收入的变化趋势及幅度。预测中期财政收入，要从经济发展新常态和经济结构调整出发，可以对各项收入类别进行专门的分类研究，建立财政收入与相关影响因素的计量模型，并对模型和相关数据进行实时跟踪和动态调整，才有可能取得详实可信的财政收入预测数据。

3. 预测中期财政支出

在中期财政支出预测过程中，要充分考虑国家当前或者今后实施的发展规划及相关政策的开展情况，厘清规划期内国家或者地方出台的重大改革政策、实施的重点项目、优先发展的行业部门等的资金需求，得出主要支出项目的成本核算、绩效目标及政策优先程度排序，以便科学安排支出规划，有序安排财政支出。要预测中期财政规划中确定的改革方案所需的财政支出规模，通过建立动态规划的支出体系和严格的财政支出限额机制，使得中期财政支出计划科学合理。

（三）中期财政收支预测的现状及存在的主要问题

1. 预测方法单一

发达国家在中期财政框架的长期实践过程中，经过不断摸索，利用先进的预测方法，运用计量预测模型来对经济增长、财政收支规模等进行预测，建立起相对科学的预测体系。而在我国中期财政规划的财政收支预测中，由于影响财政收支的因素较多，收支对各因素的敏感程度不同，目前我国财政部门很少运用计量模型来预测财政收支，主要运用基数法进行预测，受人为因素影响较多，大多只是停留在静态模型分析上，忽略了一些影响财政收支变动的重要因素，往往就数字分析数字，只看到表面现象，而没有深层次分析背后的实质。具体表现在：财政收支预测结果对政府制定决策的参考价值不大；缺乏量化分析财政收支与经济政策等相关因素的内在关系；对重点行业、部门的未来变化趋势分析预测不够。

2. 预测难度大

当前国际经济形势复杂多变，我国的经济也处于增长速度换挡期、结构调整镇痛期、刺激经济政策产生负作用的消化期等多期叠加，随着改革的不断深化，体制机制的深层次矛盾显现，政策调整和变化可能性大，况且由于中期财政规划的时间相对较长，财政收支的准确预测不易做到。此外，我国政府主要依靠"中央定政策、地方来执行"的纵向治理方式，地方政府难以预期中央政策的调整，加大了地方财政收支预测的困难。首先，短期的调控性政策多，比如：提高社会保障最低标准、调整工资标准、优先发展的产业行业给予税收优惠以及涉及民生事业的各项改革等，每项政策的落实都需要财政进行配合，会带来财政收入的减少或者支出的增加。这些政策往往都是中央统一制定地方政府执行，是地方编制中期财政规划时无法提前预期的。其次，地方财政部门无法准确预计规划期内中央财政给予的转移支付总额，因此造成省级、市级中期财政规划编制中财政收支预测的困难，这其中越低级别的政府越依赖于上级对其的转移支付，其财政收支的预测也就越不容易。

3. 基础数据分散

中期财政规划的财政收支预测，需要预测全国、各省经济形势，产业布局结构、居民个人行为、企业活动等变化，要以财政及各部门采集大量历史数据为基础。但在现实中，各类型数据比较分散，除了国家统计局收集的数据外，各部门掌握相关领域的数据，一方面收支预测所采集的数据部分来源于人工采集，数据的准确性大打折扣；另一方面数据来源于不同的业务系统和数据库中，各个系统之间数据格式不同，缺乏统一标准，在不同系统中的数据可能有部分重复或存在"信息孤岛"，数据的可用性和匹配性较差，甚至出现数据不完整或模糊信息，数据的整合工作任务繁重。基于这样的数据所做出的分析，必然难以进行高质量的财政收支预测，继而无法指导中期财政规划的编制和实施。

4. 预测能力有待提高

很多发达国家的财政收支预测水平较高，他们设立专门机构，招聘专业从事财政收支预测工作的人员，为其中期财政规划的实施奠定了良好的基础。而我国目前缺乏专业的财政收支预测人员对中期财政规划的预测工作进行深入细致的研究，只是由财政部门的预算编制人员以及预算单位的财务人员根据工作经验及对政策的理解把握来进行，主观随意性较强。财政部门的预算编制人员对中长期财政政策、宏观经济的趋势走向、财政收支等指标的预测分析能力总体不强，往往缺乏必要的统计专业知识，难以掌握预测模型及操作方法。部门中期财政规划的收支预测，需要预算单位财务人员在熟悉财务知识之外，还要理解和把握本部门、本单位业务发展规划和有关的重点政策，掌握一定的部门业务知识。

二、中期财政收入预测是核算高校债务规模的基本依据

中期财政收入预测是中期财政规划的基础内容，高校举债行为必须充分考虑高校财政承受能力，即要以中期财政收入预测结果作为高校举债规模依据，可从高校中期财政收入的总量控制和收入结构两个角度合理进行预测。总量控制即高校举债规模不能超过高校收入总规模，收入结构即要明确哪些收入类型可用于弥补高校项目投入所需资金，从而合理确定高校总体债务规模和结构。高校应结合学校实际情况，根据学校教育事业发展战略规划，分阶段、分步骤地做好债务预算规划，确定合理的债务规模，切忌不考虑学校承受能力而盲目举债，酿成学校债务风险和财务风险。高校在举债过程中要保证重点，严控贷款规模，防止浪费和损失。确定高校合理债务规模需要考虑的因素包括：

第一，通过高校战略发展规划评估学校的办学规模，办学规模与资金需求量成正相关关系。

第二，充分挖掘高校经费来源渠道，理顺学校现有财力、可获得的资金来源及资金缺口间的关系，可根据高校收入情况，测算高校偿债能力是否和举债规模相适应，平衡收支，保证一定时期内高校的偿债能力和最优贷款规模。

第三，可通过技术手段或第三方合理测定学校偿债能力，坚持量力而行，适度负债。

第四，坚持保障学校基本运行，债务规模不能影响高等教育事业发展提升，确保学校稳定与发展动态平衡。

三、预测须考虑高校债务支出需求

高校在运行期间，所面对的财务压力大部分来源于内部支出需求。通过加强教育经费中期规划的编制，能够帮助高校管理人员了解发展期

间所存在的问题，以及高校内部现阶段可利用的资源。特别是对于已到了偿还贷款的高峰期，巨额债务往往会使高校的办学经费捉襟见肘，严重制约着高校的办学投入。经费投入不足已经严重影响高校的人才队伍建设、学科和实验室建设，影响了高校的人才培养质量。

高校债务支出需求必须纳入中期财政预算，具体要细化到债务支出使用方向与结构，同时列明债务偿债期限，债务偿还本息支出明细等，才能有序、合理推进偿债工作。

首先，根据高校现有财力和可获得的资金来源，科学地、有计划地谋划偿还方式和方法，结合中期财政规划，列入学校预算进行管理。其次，需要提前进行偿还资金的积累，建议高校筹措建设资金从"先投后还"转为"先筹后投"，设立高校发展建设基金。最后，在保障偿债收入稳定的情况下，加强对支出的控制，提前规划科学、合理的支出结构，在保证人员经费等刚性支出的同时，强化非刚性支出的预算控制和财务管理，提高资金使用效益，避免增加沉淀资金的机会成本。

四、高校债务风险防控纳入中期控制体系

我国高校扩张中的债务风险问题已不单单是一个教育问题，同时也是一个经济社会问题，需要社会各界的支持和配合。要防范高校债务风险，政府层面，应建立健全高校领导考核问责机制、完善高校投融资机制；高校层面，应优化高校债务结构、建立债务风险监测和预警指标体系以及挖掘自身潜能，努力"开源节流"；金融机构层面，应加强贷前项目审查、贷后管理并建立针对高校信用贷款的风险评价体系。总的来说，高校债务风险的防范与化解需要政府、高校、金融机构等多方面的互相配合，这是实现我国高等教育健康发展，经济社会又好又快地发展的重要保障。

因此，为更好防控高校债务风险，必须要将高校债务风险控制纳入中期财政风险控制体系，统筹考虑高校债务风险对整体财政风险的影

响，统筹推进高校债务风险防控工作。

第三节　构建高校债务风险防控大数据平台管理

一、大数据特征及其应用

（一）大数据概念

最早提出"大数据"时代到来的是全球知名咨询公司麦肯锡。麦肯锡称："数据，已经渗透到当今每一个行业和业务职能领域，成为重要的生产因素。人们对于海量数据的挖掘和运用，预示着新一波生产率增长和消费者盈余浪潮的到来。"

哈佛大学社会学教授加里·金说："这是一场革命，庞大的数据资源使得各个领域开始了量化进程，无论学术界、商界还是政府，所有领域都将开始这种进程。"

《纽约时报》2012年2月的一篇专栏中所称，"大数据"时代已经降临，在商业、经济及其他领域中，决策将日益基于数据和分析而作出，而并非基于经验和直觉。

随着一系列标志性事件的发生和建立，人们越发感觉到大数据时代的力量。2013年被许多国外媒体和专家称为"大数据元年"。世界进入了大数据时代。

大数据时代的生活令人神往，你对客观世界的认识更进了一步，所做的决策也不再仅仅依赖主观判断。甚至于你的一个习惯动作、你的一次消费行为、你的一份就诊记录，都正在被巨大的数字网络串联起来，移动互联网风潮汹涌，大数据正悄悄包围着我们，甚至连世界经济格局也在酝酿着巨大变革！但目前对大数据尚未有一个统一、完整、科学的定义，仁者见仁、智者见智。

麦肯锡：规模已经超出了传统的数据库软件收集、存储、管理和分析能力的数据集。

维基百科：所涉及的数据量规模巨大到无法通过当前的技术软件和工具在一定的时间内进行截取、管理、处理，并整理称为需求者所需要的信息进行决策。

IDC（国际数据公司）：规模海量、类型多样、体系纷繁复杂且需要超出典型数据库软件进行管理并能带来巨大价值的数据集。

……

归纳而言，大数据是一种在获取、存储、管理、分析方面大大超出了传统数据库软件工具能力范围的数据集合，需要使用新处理模式才能具有更强的决策力、洞察发现力和流程优化能力来适应这种海量、高增长率和多样化的信息资产。

（二）大数据特性

大数据的特征主要有：①大量化；②存储量大，可从数百 TB 到 PB、甚至 EB 的规模；③多样性；④来源广、格式多，包括各种格式和形态的数据；⑤时效性；⑥在一定的时间限度下得到及时处理；⑦准确性；⑧处理的结果要保证一定的准确性；⑨价值；⑩大数据分析挖掘和利用将带来巨大的商业价值。

（三）大数据重要性

大数据能够帮助我们洞见隐藏在巨量、杂乱的大数据背后的知识、真相和行为，通过挖掘数据的潜在价值，透析过去，预测未来。大数据时代，一个人，如果你拒绝的话，可能会失去生命；如果是一个国家，拒绝大数据时代的话，可能失去这个国家的未来，失去一代人的未来。2012 年 3 月美国奥巴马政府发布了"大数据研究和发展倡议"，启动"大数据发展计划"，拟在科学研究、环境保护、生物医学等领域利用大数据进行突破，继信息高速公路计划的又一重大举措；2012 年 5 月，联合国发表名为《大数据促发展：挑战与机遇》政务白皮书中，指出大数据对于联合国和各国政府来说是一个历史性的机遇，利用好大数据资源可以更好地造福人类；2015年5月国务院印发了关于促进大数据发展行动纲要的通知；2016年国家工业和信息化部印发了关于大数据产业发展规划（2016~2020年）的通知，等等。

因此，大数据是国家基础性战略资源，是21世纪的"钻石矿"、是资产、是新的石油。三分技术，七分数据，得数据者得天下！其重要性主要体现在以下几个方面：

1. 大数据成为推动经济转型发展的新动力

数据流可以引领技术流、物质流、资金流、人才流，深刻影响社会分工协作组织模式，促进生产组织方式集约和创新；推动社会生产要素网络化共享、集约化整合、协作化开发和高效化利用，改变传统的生产方式和经济运行机制，提升经济运行水平和效率；激发商业模式创新，不断催生新业态，已成为互联网等新兴领域促进业务创新增值、提升企业核心价值的重要驱动力。

2. 大数据成为重塑国家竞争优势的新机遇

全球信息化快速发展的大背景下，大数据已成为国家重要的基础性战略资源，正引领新一轮科技创新。充分利用我国的数据规模优势，实现数据规模、质量和应用水平同步提升，发掘和释放数据资源的潜在价值，有利于更好发挥数据资源的战略作用，增强网络空间数据主权保护能力，维护国家安全，有效提升国家竞争力。

3. 大数据成为提升政府治理能力的新途径

大数据应用能揭示传统技术难以展现的关联关系，推动政府数据开放共享，促进社会事业数据融合和资源整合，提升政府整体数据分析能力，为处理复杂社会问题提供新的手段。"用数据说话、用数据决策、用数据管理、用数据创新"管理机制，实现基于数据科学决策，推动政府管理理念和社会治理模式进步，加快建设法治政府、创新政府、廉洁政府和服务政府，逐步实现政府治理能力现代化。

二、大数据防控平台开发背景

大数据正在逐渐成为社会基础设施,成为每一家组织机构的标配。"大数据"之"大",更多的意义在于:人类可以"分析和利用"的数据在大量增加,通过这些数据的交换、整合和分析,人类可以发现新的知识,创造新的价值,并让很多常态化的认知、判断、思维定式、产品形态、服务模式,形成全新的面貌和演进方向。

大数据已经引起国际社会的高度重视,世界各国都在加快推进大数据战略布局。大数据产业已上升至国家战略高度,正日益渗透到经济发展和社会生活的方方面面。2015年9月5日,国务院发布《促进大数据发展行动纲要》,文件指出"数据已经成为国家基础性战略资源",并在启动的十大工程之一"公共服务大数据工程"中明确提出要建设教育文化大数据。

教育大数据已经上升到国家战略层面,引起社会各界的广泛关注和高度重视。教育大数据将首先破解传统教育面临的六大难题(发展不均衡难题、方式单调化难题、信息隐形化难题、决策粗放化难题、择校感性化难题、就业盲目化难题),助推教育的全方位变革与创新发展。

确立教育大数据在我国教育事业发展与改革中的战略地位已是国家教育现代化建设的必然要求。教育大数据是重要的国家战略资产、教育领域综合改革的科学力量与发展智慧教育的基石。

人类社会已经迎来"大数据时代"。培养大数据人才、利用高校大数据深化高校管理促进高校改革发展、使用大数据平台提高高校科研水平和效率,既是高校面临的重要任务,也是高校发展的战略机遇。

三、高校大数据平台建设意义

高校作为高科技人才以及创新技术的摇篮,承载着科研攻关和人才培养的双重使命。在新的科技浪潮中，高校应瞄准时代最前沿，将教学科研创新、专业人才培养与大数据紧密融合在一起，在更高起点上推动学校在大数据教学、科研以及创新方面再上新台阶。

（一）高校面临的大数据问题

1. 数据规模日益庞大

数据来源多元化，共享数据库涵盖系统多，高校生源不断扩张，信息不断积累，致使数据库中的信息不断增加，进而为数据挖掘、管理和分析带来了困难。

2. 缺乏稳定高效的大数据环境

高校不同学科与专业采用的大数据环境大多依赖现有的IT环境，导致大数据运行的基础软硬件环境比较混乱且极其不稳定，缺乏有效的运维管理，严重影响教学和科研工作的正常进行。

3. 数据利用不充分

校园的信息仍然停留在收集和累积阶段，尽管移动终端系统的不断发展为信息采集带来了极大的便利，但采集后的数据仅仅停留在查询阶段，并没有对数据进行整合、分析和梳理，使得这些信息仍未被管理者采用，作为决策依据的信息则少之又少。

4. 数据驱动带来的科研新挑战

数据剧增由量变引起质变，使科研人员的思维和行为模式在传统的学科研究领域发生转变。如何借助大数据相关技术以及资源，找到本学科研究成果的新视角，已经成为当前高校研究的重要课题。

（二）培养大数据人才的平台

近年来，移动互联网、云计算、大数据、物联网等信息技术取得了突飞猛进的发展，已经在深刻地改变着人类社会的方方面面。"互联网"、大数据更是已经上升到了国家战略层面，成为提升全社会的创新力、生产力，促进经济发展新形态的基础设施和实现工具。高校作为人才培养、技术创新的前沿阵地，需要充分感知最新技术发展方向，掌握和创新最前沿科学技术，培养时代迫切需求的创新型人才。

根据国内外高校开展大数据课程建设经验以及现有大数据技术就业市场需求而构建的大数据人才培养平台，以大数据为方向，引进国内外先进大数据技术、成熟解决方案以及管理与教学内容，搭建云计算、大数据管理技术、大数据应用软件开发等技术平台，培养学生研究大数据科学与工程领域问题、解决大数据实际应用问题的能力，系统掌握大数据主流的存储、管理、分析处理技术，以及大数据平台架构和建设，实现科研、教学与社会服务的顺畅衔接，逐步打造以培养大数据人才为核心的科研、教学基地（见图6-1）。

创新意识、创新精神、创新思维、创造力或创新人格等创新素质的培养需要一个长期的过程。创新教育与学科教育相结合，纳入人才培养体系，利用大数据、"互联网"、云平台的优势，构建大数据人才平台、打造创新教育人才培养新模式、创新教育教学组织新形式，使学生掌握企业运作的规律与本质，增加师生良性互动，真正培养出社会、企业所需要的创新型人才。

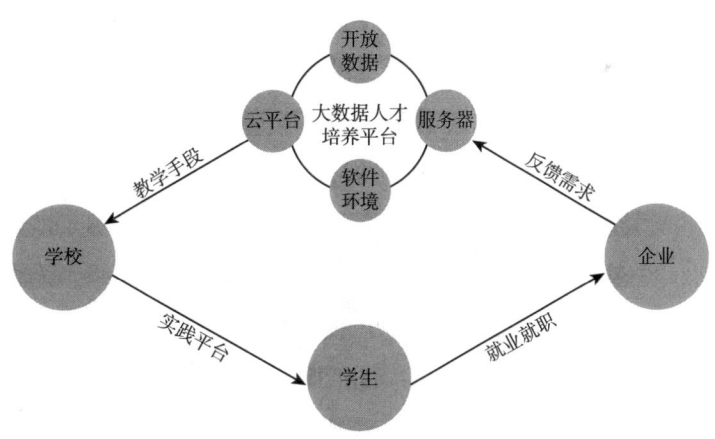

图6-1 大数据人才培养平台流程

1. 实现个性化学习

集成教育数据挖掘与学习分析技术，持续采集学习行为数据，智能分析，推送适合的学习资源并进行个性化学习建议。

2. 实现教育评价体系重构

采集教与学的全过程数据，全面客观记录学生成长轨迹，引导学生培养模式和教育质量管理方式科学健康发展。

3. 实现科学研究范式转型

解决科研经费等科研管理难题，提供便捷的技术支撑与人性化服务，提高研究的效率和结果的可信度。

4. 开启"大数据创客"新模式

完成创新应用及发布，完善高校信息化建设，提升高校实力，加速创客成果转化，推动创意实现产业化，打造具有影响力的"创客校园"。

5. 实现教学模式改革

教学数据分析与预测，改变教学模式，实现个性化教育，调整教学方案，优化教学方法，提高教学质量。

6. 实现科学化教育管理

注重相关关系识别，强调因果关系的确定，发现隐藏的、有用的信息，做好教育管理和决策工作的数据支持。

（三）深化高校管理促进高校改革发展的平台

大数据分析的六个方面如图 6-2 所示。

图 6-2　大数据分析的六个方面

1. 数据挖掘算法

集群、分割、孤立点分析还有其他算法让我们深入数据内部，挖掘价值。

2. 预测性分析能力

预测性分析可以让分析员根据可视化分析和数据挖掘的结果做出一些预测性判断。

3. 语义引擎

语义引擎需要能够从"文档"中智能提取非结构化数据信息，并利用一系列的工具去解析、提取、分析数据。

4. 数据质量和数据管理

通过标准化的流程和工具对数据进行处理可以保证一个预先定义好的高质量的分析结果。

5. 数据存储和数据仓库

便于多维分析和多角度展示数据按特定模式进行存储所建立起来的关系型数据库。数据仓库提供数据抽取、转换和加载，为联机数据分析和数据挖掘提供数据平台。

6. 可视化分析

可视化分析可以直观的展示数据，让数据自己说话（见图 6-3）。

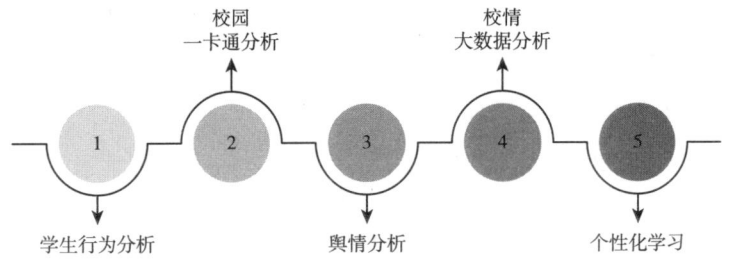

图 6-3 大数据分析应用

（四）提高高校科研水平和效率的平台

大数据科研平台提供多场景数据计算和分析挖掘的科研基础环境，充分结合行业课题的相关数据，利用大数据技术深入挖掘分析，满足行业大数据的科研工作需求，进一步提升高校的大数据科研水平，借助完善的产学研体系，实现科研成果向业务价值的转化。大数据技术在高校科研管理创新中的应用主要有以下几个方面：

1. 实现高校科研选题科学化

挖掘社会公众、工商企业、政府和事业单位以及其他非盈利机构对科学知识和技术的需求情况，辨别哪些科学知识和技术需求是最为迫切和社会经济效益极为突出的，提高科研选题的针对性，实现科研选题的科学化。

2. 避免重复研究

挖掘不同层级、不同类别和不同区域之间科研选题申报和立项情况，结合科研选题申报高校及其研究团队的研究特长与特色，监控科研项目重复立项风险，避免重复研究，节约科研经费，减少资源浪费。

3. 实现研究数据共享复用

实现不同层级、类别和区域研究项目之间数据共享复用，节约数据采集成本，加快项目研究进展，提高效益及效率。

4. 推动高校研究成果转化

搭建开放式大数据科研平台，充分融合教师的科研需求，提升教师的科研创新能力，充分提高"研"的成效，提供行业数据及案例解剖用于基础研究，提供数据分析方案及流程，提供数据更新接口，为科研工作提供数据支撑。

5. 监督学术道德和诚信

高校科研管理人员在课题申报阶段，对申请书进行学术道德与诚信的监督，避免学术不端行为发生。

四、建立高校债务风险防控大数据平台

建立高校债务风险控制的大数据防控平台，实现省内高校债务数据的信息收集、分析评估、风险预警和跟踪处理，对风险进行事前预防、

事中监控、事后处理，通过流程数据化，建立高校债务风险的全自动预警机制。在技术手段上需要实现的功能包括：一是设定风险管理政策和目标，将债务管理、风险防控的有关政策、流程转化为统一的、标准化的风险控制目标，固化至债务风险防控系统。二是关联预算管理系统、财务数据平台等，及时采集各类与债务风险相关的经济活动数据。三是将采集到的经济活动数据与风险控制目标标准进行比对识别，对债务风险进行评估与监测，划分不同等级的风险级别。四是根据风险级别发出不同风险预警信号。五是根据风险应急预案启动风险应对措施。

运用大数据等手段对高校债务风险进行管控的同时，需要注意以下几点：一是避免数据孤岛。从高校单位层面，债务风险管理系统与单位财务信息平台、内部控制信息系统等建立数据联动关系，只有动态联动数据才能及时发现异常，从而实现债务风险预警功能。从主管部门角度，建议主管部门建立统一的大数据应用平台，统筹标准数据库，对省内各高校的财务数据与债务数据间进行纵向与横向的对比，实现省内各高校债务信息与财务管控的深度融合，更高效地防控省内高校债务风险。二是统一债务计量口径。根据高等教育事业发展规律，制订统一高校债务风险评价指标体系，使相关单位、主管部门有针对性地对债务风险的管理、控制与监督情况进行评价和改进。

第四节 完善高校债务风险管控机制

一、平衡供求关系，降低债务战略风险

高校债务产生的直接原因是高校供求不平衡。这里的不平衡包括两个层面，一是高等教育的供求不平衡，二是高校资金的供求不平衡。因

此，要管理好高校债务风险，需要从两个层面去平衡高校供求。

（一）科学规划高等教育发展，确保高等教育供求相对平衡

高等教育是一个事关民生和民族振兴的国家基础性事业，其发展速度和规模必须进行科学的规划，有条不紊地推进，切忌"冒进"和"随意"，以确保高等教育的发展能够适应和满足社会的需求，确保高等教育供求的相对平衡。

1. 科学规划高等教育的发展速度，保证教育的适度优先发展

（1）高等教育发展要适应经济社会的发展速度。高等教育所培养的人才是为经济社会发展服务的，经济社会发展的需要程度是决定高等教育发展速度的基础性指标，同时，高等教育的发展依赖经济社会的物质支撑，因此，高等教育的发展速度必须与经济社会发展速度相适应。高等教育发展过快会导致经济社会难以支撑出现债务风险，人才过剩难以消化造成教育资源浪费；高等教育发展过慢又不能满足经济社会对人才的需求，从而影响经济社会的发展速度。只有高等教育的发展速度与经济社会发展相一致，人才的供求才能达到平衡，从而避免高校债务风险。

（2）高等教育发展要适应家庭收入增长速度。高等教育需要受教育者承担部分教育成本（国际惯例为25%），因此，个人的经济承担能力、家庭的收入增长速度是影响高等教育发展速度的又一个重要因素。享受高等教育不是生活必需品，而是人们在满足基本生活需要以后的一种追求，是个人和家庭的收入提高到一定程度以后的一种需要。准确判定一个国家人们生活水平，判断家庭收入的提高速度，也是进行高等教育科学规划的重要参考指标。

2. 科学规划高等教育的总体规模，基本满足社会的教育需求

（1）高等教育总体规模要适应国民经济的总体规模。一个国家的经济总体规模决定了这个国家的人才需求规模，并由此决定了高等教育的总体规模。如果高等教育规模大于经济规模，就出现人才过剩、过度人才消费，知识贬值，最终造成教育资源浪费，平添了高校债务风险。

如果高等教育规模总体小于经济规模，就会导致人才奇缺，人才成本增加，最终拖累经济发展速度。只有高等教育的总体规模与国民经济的总体规模一致，教育供求均衡，才能有效防范高校债务风险。

（2）高等教育总体规模要适应适龄人口的总体规模。高等教育是从事人的教育，人是高等教育发展的重要前提。准确预测人口发展状况，尤其是适龄人口的规模，是科学规划高等教育规模的重要前提。《国家中长期教育改革和发展规划纲要（2010～2020年）》也十分关注这个问题，根据我国人口规模，将2020年的中国高等教育规模控制在3500万人左右就是这种思想的体现。

3. 科学规划高等教育的布局结构，兼顾教育公平，均衡教育需求

（1）区域布局结构要合理，适度均衡全国区域间教育需求。由于历史的原因和高等教育本身的特质，我国高等学校主要集中在大中城市以及东部沿海地区，这种布局结构会造成两种现象：一是在高等教育投入以中央财政和省级财政两级为主的情况下，高校分布较多的城市省级财政负担过重，教育投入地区差异被省级财政实力差距拉大。武汉市就是比较典型的例子，中央部属院校在武汉相对较多，而湖北省的财政实力相对不足，因此，武汉高校这些年的财政投入都非常低，与北京高校的差距拉大到了15倍，这样既拖累了地方财政，又拖垮了高校实力。二是高校招生在实行属地倾斜政策以后，因为高校布局不均衡，高校入学公平性受到广泛质疑。比较典型的就是河南省，河南省是人口大省，但河南的高校却比较少，尤其是高质量的大学屈指可数，因此，河南省的高考竞争是全国最激烈的，这对于广大的河南考生来说显然不公平。

高校布局调整要考虑地域因素，一是要考虑地域经济因素，地方财政要能够承受高校发展；二是要考虑地域人口因素，人口的稠密程度以及受教育程度，人口密度大受教育程度高的地方对高等教育的需求大一些，反之亦然。从我国目前的整体情况看，东部沿海高校较多，西部较少，因此，在高校的扩建中应该向西部倾斜，在利用现有高校资源进行办学的过程中，可以将新增招生计划向中西部高等教育资源短缺地区倾

斜，扩大东部高校在中西部地区招生规模。

（2）学科结构布局要合理。高校在进行扩充的过程中，必须考虑社会的人才需求结构，通过社会人才需求来调整高校的学科布局结构。如果学校学科结构不合理，同样会导致高教需求失衡，对高校债务风险产生负面影响。高校应根据国家和区域经济社会发展的需要，建立动态调整机制，不断优化高等教育结构。优化学科专业、类型、层次结构，促进多学科交叉和融合。重点扩大应用型、复合型、技能型人才培养规模。建立高校分类体系，实行分类管理。发挥政策指导和资源配置的作用，引导高校合理定位，克服同质化倾向，形成各自的办学理念和风格，在不同层次、不同领域办出特色。

（二）规划教育经费投入，确保高校资金供求相对平衡

高校要举债是因为教育投入不足，教育经费需求旺盛两个方面原因的综合作用，要有效管理债务风险，我们一方面需要扩大高校经费投入，确保高校正常发展，同时又要适度抑制高校过盛的资金需求，确保高校发展的理性与良性，使高校资金供求相对平衡。

1. 科学引导，多渠道筹措教育经费

《国家中长期教育改革和发展规划纲要（2010～2020年）》指出，教育投入是"支撑国家长远发展的基础性、战略性投资，是教育事业的物质基础，是公共财政的重要职能"。政府要引导健全以政府投入为主、多渠道筹集教育经费的体制，大幅度增加教育投入。"高等教育实行以举办者投入为主、受教育者合理分担培养成本、学校设立基金接受社会捐赠等筹措经费的机制。"中央财政和各省财政要优化财政支出结构，统筹各项收入，把教育作为财政支出重点领域予以优先保障。严格按照教育法律法规规定，年初预算和预算执行中的超收收入分配都要体现法定增长要求，保证教育财政拨款增长明显高于财政经常性收入增长，并使按在校学生人数平均的教育费用逐步增长，保证教师工资和学生人均公用经费逐步增长。在充分保障政府的财政性教育投入足额按时到位的同时，政府要建立合理的制度以充分调动全社会办教育积极性，

扩大社会资源进入教育途径，多渠道增加教育投入。完善财政、税收、金融和土地等优惠政策，鼓励和引导社会力量捐资、出资办学。完善高等教育培养成本分担机制，根据经济发展状况、培养成本和群众承受能力，调整学费标准。完善捐赠教育激励机制，落实个人教育公益性捐赠支出在所得税税前扣除规定。完善大学基金的相关制度，引导和吸引社会捐助高校建立基金，并合理运作基金以增强大学自身的经费实力，提高大学抗风险能力。合理运作大学基金是美国高校财源滚滚的主要手段，但是在我国，尽管有了基金，但基金运作几乎还是一块处女地。

2. 科学使用，抑制不合理资金需求

坚持依法理财，严格执行国家财政资金管理法律法规制度和财经纪律，克服资金使用中的随意现象是有效规避债务风险的重要环节。高校要建立科学化、精细化预算管理机制，科学编制预算，严格执行预算，提高预算执行效率，确保学校各项经费的按期到位，合理使用。高校可以设立财务咨询委员会，提高学校经费分配的科学性，在学校经费的分配中，要重点向教学和科研倾斜，适度压缩行政管理开支，减少招待、交通等一般性支出比例，提高学校资金的使用效率。加强学校财务会计制度建设，完善经费使用内部稽核和内部控制制度，学校在主动接受政府主管部门财务监督和审计的同时，自身也要建立审计机制，将学校资金使用审计常态化，避免腐败和浪费。完善教育经费监管机构职能，提升经费使用和资产管理专业化水平，提高学校的资产管理使用效率，有效降低债务风险。完善学校收费管理办法，规范学校收费行为和收费资金使用管理。坚持勤俭办学，严禁铺张浪费，建设节约型学校。通过预算、执行、监督、审计的系列制度，整体提高学校资金使用效率，抑制不合理资金需求，提高学校规避风险的能力。

二、规范权力关系，降低债务管理风险

高校债务风险归根结底是由大学制度造成的，要对债务风险进行有

效的管理，首要的便是建立现代大学制度，以完善的大学治理结构来规范高校的权力关系，以合理的权力制衡关系来保障高校发展的科学与理性，从而有效防止和规避高校发展中的债务风险。

（一）现代大学制度的内涵

《国家中长期教育改革和发展规划纲要（2010～2020年）》已经明确提出，要建立现代大学制度，完善治理结构。现代大学制度是一种与时代经济社会发展相适应的大学制度，是大学各种权利博弈的均衡状态，是即符合大学发展规律又能照顾到利益相关者的利益诉求的制度设计。

（二）现代大学制度下的高校权力关系

现代大学制度需要解决的最核心的问题就是高校的权力关系，高校权力包括两个大的层面：外部权力结构与内部权力结构。

1. 建立"管办分离"的外部权力结构

《国家中长期教育改革和发展规划纲要（2010～2020年）》明确提出，要"推进政校分开、管办分离"，"建设依法办学、自主管理、民主监督、社会参与的现代学校制度"。这为政府与高校的权力进行了一个清晰的定位。政府是高校的举办者，拥有对高校的宏观管理权力以及投资义务。学校是办学实体，是具体的办学决策执行者。政府与学校是投资者与经营者的关系，依据治理理论，政府与学校需要构建一种委托—代理的契约关系。政府是委托方，是学校的所有者，具有举办者的"决策管理"权，是一种发展战略的决策权；学校是代理方，具有"自主独立办学"的权利，是一种自主经营权，也具有接受政府管理的义务。社会是学校的利益相关者，是一种"积极参与"的权力。

2. 完善"党委领导下校长负责制"的内部权力结构

在中国，党委领导下的校长负责制作为具有中国特色的现代大学管理体制，是新中国成立70年来中国高等教育长期探索和发展的历史选择。在实践中，我们要注意处理好党委、校长和教授三者之间的权力关系，最终实现"党委治策、校长治校、教授治学、职员治事、学生治能"的状态。党委领导重在思想引领。党委重在思想政治工作的领导和学校重大事项的领导，同时依法保证和监督赋予校长的各项职权得到落实。党委要用战略思维谋求战略发展，正确处理好跨越发展、协调发展、和谐发展的关系，注重速度与效率并重、当前和长远兼顾、局部与整体协调。校长治校重在依法行政。大学是一个法人组织，校长是大学的法人代表。校长治校实质就是法人治理，校长作为法人代表，依据法律赋予的权力进行学校的日常管理，确保大学的正常运转，实现大学章程既定的办学目标。教授治学重在学术自治。教授和学生是学校的主体，教授的治学水平决定着一所大学的办学质量，学生的学习水平决定着一所大学的产出质量，因此，治学才是教授的主要任务。教授治学包括"研学"和"教学"两个方面。职员治事重在规范和效率，学生的大学学习则重在综合能力的提高。

3. 合理的权力关系有利于降低高校债务的管理风险

现代大学制度通过建立一个合理的政府、学校和社会外部治理结构中的权力关系，以及学校内部党委、校长和教授内部治理结构中的权力关系，明确权力的责任和义务，运行中的协作与制衡，形成一个"政府办教育、校长治校、教授治学"的大学治理结构体系，确保政府的高等教育投资主导地位，确保高校按照自身发展规律自主办学，教授按照学术规律和教学规律自由工作，避免高校发展受到不必要的因素干扰，这是有效进行债务风险管理的先决条件。

大学外部治理结构已经清晰地表明，高校的举办者是政府，因此，办学所需经费就应该由政府来主导筹措，这是政府的责任。如果高校存在举债，举债也应该由政府来进行，债务风险也应该主要由政府来承担。学校党委代表政府对学校实施管理，党委就需要经常与政府沟通，获得政府的财力支持，同时建立学校基金，为学校的自主办学提供稳定的财力支撑。在债务风险的管理中，学校党委具有决策权。

高校拥有"依法自主办学"的权力，高校的主要责任就是"办学"而不是"筹资"，把高校校长从"筹资"的"丐帮帮主"（顾秉林语）身份下解脱出来，全力去经营学校，去提高教学质量，去提高科研水平，去服务社会。高校依法自主办学的"法"也是规律的意思，高校在办学中要遵循国家法律，要执行政府决策，还要遵循教育规律，而这三个"法"中，教育规律是最大的"法"。但在目前的高校债务形成中，高校没能兼顾这三点，只注意到政府的决策，缺乏对教育规律的关注是造成今天高校债务风险的重要原因。在高校债务风险管理中，高校党委是决策者，校长只是执行者，因此，党委对高校债务具有领导责任，校长具有执行责任。

社会作为高校利益的相关者，在享受高等教育提供的社会服务的同时，也需要积极参与进来，权力与责任是对等的，在高校办学过程中除了"积极监督"还要"积极投资"，如果高校在举债，社会就要分担风险。大学教授是大学的治学之人，教授的任务就是教学、科研、社会服务、文化传承与创新，不具有高校债务风险管理责任，因此，风险转移不应该向教授转移。但教授有责任提高办学质量和办学效益，大学办学质量提高以后，办学效益自然就好，有好的办学效益的大学融资能力就强，学校党委面临的债务风险管理难度就小。

三、建立运行机制，防范债务操作风险

2004年，时任国务院总理温家宝在《政府工作报告》中提出，"要尽快建立重大问题集体决策制度、专家咨询制度、社会公示制度和社会听证制度、决策责任制度。"高校风险管理中的集体决策制度，是通过完善大学内部治理结构来达成的，在此基础上，为有效防范和控制债务风险，我们还需要建立高校的项目管理和财务管理制度。

（一）建立规范的项目管理制度

1. 专家论证制度

在高校发展过程中，只有大型项目的建设才需要举债。大型项目规划应进行专家论证，目的在于使项目规划、建设和资金的使用更为合理，以规避不必要的风险。在专家论证制度中要考虑专家的组成问题，

专家的组成要遵循专业、宽泛和直言三个原则：专业就是要针对不同的项目选择相应的专家，只有把业内的行家里手请来才能发现问题、规避风险；宽泛就是要尽可能多的找一些专家，从不同的角度来审视项目；直言就是请来的专家要敢于表达自己的不同观点。

2. 集体审批制度

经过规划、专家论证以后的学校建设项目方案，需要交付学校党委或者校董事会进行集体讨论表决，通过了的方案才能正式付诸实施。集体审批的目的在于减少项目建设中因权力过度集中而导致的操作风险等，最大限度地提高项目透明度、降低项目的操作风险。

3. 招投标制度

招投标制度可以有效防止工程项目建设中的腐败，降低建设成本，提高工程质量。工程招投标的基本程序包括招标、投标、开标、评标、定标、签订合同。学校项目建设招标制度的严格执行有助于降低成本，从而降低高校债务风险。

4. 专项经费管理制度

在项目的规划和审批中要事先设计好项目的经费来源、筹措方法、经费的专项使用、监管以及审计、债务的偿还措施等。在建设之中，严格按照既定的经费管理制度来执行，这样就可以避免学校因为项目建设而导致的经费的相互拉扯，影响学校正常工作的现象。高校的项目专项经费一般可以采用财务账户单列的形式实施。

(二) 建立规范的财务运行机制

项目管理制度多为学校行政层面，是一个针对领导决策的制度设计。对于高校债务风险管理而言，还有一个操作层面的制度设计，那就是财务管理制度。

1. 执行财务预决算制度

《高等学校财务制度》明确要求高校预算编制必须遵循"量入为出，收支平衡"的原则，即高校编制预算要以收定支，收支平衡，不能超越财力可能安排预算，不得编制赤字预算。

在高校实行跨越式发展的过程中，我们需要举债发展，"量入为出、收支平衡"就需要进行重新界定。这里的"量入"就是要计量学校的可能融资额度，这个融资额度既包括政府的财政性投入、学生缴纳的学费、学校基金融资，也包括项目举债，同时要对建设项目所需资金进行预算，计算出资金缺口，然后再进行合理举债，这是进行债务风险管理的重要基础。

"计划赶不上变化"，在学校资金预算的执行过程中肯定会出现一些变化，尤其是在重大项目建设的过程中，"随行就市"的调整肯定是存在的，这时就需要随时进行集体决策、适度修改学校的经费预算，确保工程的顺利实施。所以，学校经费管理除了预算，还需要进行决算。预算的收支平衡不等于决算的收支平衡，编制赤字预算是违规的思想应该突破，只要高校预算是根据事业发展计划和任务编制的，未超过高校财力编制的预算都是合理的。

在高校举债办学的情形下，可以根据自身的财力和举债规模编制综合财务预算，编制方法为"现金流量平衡"，即现金流入量与现金流出量相平衡就可以了。通过这个平衡关系，可把债务纳入高校预算管理范围，及时、客观、真实反映高校当年的债务规模和支出需要，实事求是地反映高校财务状况，有效进行债务风险管理。

2. 建立专项资金管理制度

专项资金管理制度的目的在于专款专用，确保项目顺利实施。高校在举债建设中会遇到很多问题，尤其是资金的周转使用问题，越是没钱，越容易进行资金拉扯使用。专项资金管理制度要求高校在建设中"有所为有所不为"，慎重选择建设项目，科学论证项目，谨慎举债，严格执行项目资金预算，严禁项目资金被挪作他用，避免出现建设中期因资金短缺而导致的"半拉子"工程、"烂尾"工程等，最大程度地降低债务风险。

3. 实行债务责任审批制度

高校举债要实行严格的责任审批制度，也就是"谁批准、谁负责"。校长作为学校的法人，在行使自己的权力的时候，一定要有责任意识，在思考"今天如何举债"的时候还要想到"明天如何偿债"，在举债达到一定数量的时候，要主动申请政府主管部门，得到准许或者备案以后，再进行举债。有了这种审批责任，对审批者就是一种约束。

4. 实行债务风险管理专职化制度

（1）规范债务风险管理流程。风险管理流程主要包括风险预测、评估、监测和控制。在学校举债以后，风险管理执行部门应该对债务风险进行预测，并针对每种可能风险进行计量评估，结合学校的风险化解能力制定相应的应对预案，交由学校领导决策时参考。在日常工作中，债务风险管理部门要时时监测学校债务风险，准确把握市场动态、教育发展动态等，及时确定债务风险演化状况，并将信息汇集进行报告。债务风险的控制包括常规控制和临时调控。常规控制就是按照先期的既定方案进行控制，临时调控就是根据风险监测情况进行的临时处理。

（2）提高债务资金的使用效益。风险管理部门要加强对债务资金的日常管理，建立债务台账，包括贷款银行、贷款时期、贷款金额、贷款利率、贷款到期日以及其他债务的相关信息等；快到期的债务应及时报告相关领导，设法筹措资金，按时归还；对于债务项目在执行过程中所发生的异常情况，要及时向相关领导汇报，及时研究处理。同时，要合理配置高校资源，从由单独管理债务资金扩大到管理整个学校的办学资源。要协助财务部门做好资金预算，保证合理的现金持有量，一方面能及时筹措所需资金，尽力减少间歇资金；另一方面按照资金来源利率的高低合理安排资金，将低利率的资金优先安排到位，节约财务费用。风险管理部门要充分发挥风险监测职能，借此建立健全财务内部监控制度，充分发挥审计、监察、工会等部门的监督作用，对债务项目实施全方位、全过程的监控。风险管理部门定期对贷款资金的使用情况进行分析评价，对资金使用效益不高的项目及时整改、纠正。

（3）整合债务结构降低债务风险。风险管理部门要科学规划、合理安排不同种类债务组合，优化债务结构。认真研究资金市场的供求情况，根据资金市场利率走势和项目建设进度对资金的需求制定科学、合理的资金使用方案，优化债务资金结构，降低债务成本。

（4）建立高校偿债基金。高校举债以后，作为风险管理部门要密切联系财务部门，根据债务的结构制定还款计划，按照债务本息归还的时间、额度要求，合理安排调度资金，避免因准备不足、资金周转困难而出现延期还款损失。对于短期负债，应及时做好现金调度；对于长期负债，重在建立充足的偿债基金。建立偿债基金的关键是按期提取偿债基金。有两种方法进行计提：第一种是平均计算法，将负债总额按整个借款期平均分摊，每期提起等额基金；第二种是比例法，每年按一定比例和当年高校收入为基数提取偿债基金，通过不断调整计提比例来确保偿债基金能够清偿到期债务。如果还债的确有困难，也要及时做好贷款的延期，或贷新还旧，降低高校信用风险。

（5）建立债务风险预警机制。为了有效降低风险带来的不确定性损失，建立高校风险预警机制是十分关键的。作为风险管理部门，要通过对资本市场的密切关注，加强对本校债务的计量评估，对债务偿还时间的把握，来有效检测债务风险。一旦债务风险出现异常，债务可能收益与可能损失的离散程度超出预期，就必须发出债务风险警报，并将可能的风险失控情况报告学校领导，以便于及时决策，规避风险。

（三）建立严格的风险监控机制

1. 教育行政主管部门应加强对高校债务风险监控

高校既是独立的财务主体，同时又是国家预算的基层执行单位，是一个财政主体，高校贷款风险的终极承担者是社会。因此，加强对高校贷款的风险监控是各级教育行政主管部门的重要职责。教育主管部门首先要积极与省级财政进行沟通，确保高校财政资金及时到位，同时，要对高校举债进行引导和监控，对于高校的大额度贷款要求进行报告和审批制度，防止高校的非理性举债。在高校举债以后，教育行政部门通过组建债务项目专家组，为高校债务提供技术咨询和指导意见，协助相关部门对贷款项目的执行进展及完成效益情况进行监督，并向有关部门定期提供项目进展情况评价报告。一旦高校风险出现失控，教育主管部门要积极参与化解风险，同时对于造成债务风险的原因进行调查，对相关责任人进行处理。

2. 金融机构应加强对高校贷款的风险监控

金融机构作为发放贷款资金的主体，应完善信贷资金贷后管理制度，进一步加强对高校贷款的风险监控。

（1）要加强对举债项目的监控，高校举债建设的项目应有利于提高高校办学效益。

（2）加强对项目规模的控制。要根据项目投资的实际需求，控制项目举债规模，并且要按照项目实际进程发放贷款资金。

（3）加强对债务资金使用的监控。金融机构一旦向高校发放贷款，就必须关注其现金流向。在保证高校正常教学、科研活动进行的前提下，要及时用于还本付息。

（4）积极发挥舆论监督作用。舆论监督也是高校债务风险监督机制的重要部分。要充分发挥舆论监督的作用，最为关键的在于高校债务的信息透明。

（四）建立严格的高校债务风险管理问责机制

没有问责的制度是缺乏执行力的制度，因此，高校债务风险管理还需要建立严格的风险管理问责制度。高校债务风险管理问责制度应该包括三个方面：一是对高校管理者即学校领导的问责。高校管理者是高校债务风险形成的责任人，如果高校在举债中造成了风险，给国家和高等教育本身带来了损失，作为高校债务的决策者，理应为此担负责任。二是对高校风险管理部门职员的问责。作为专职从事高校债务管理的人员，在高校债务风险管理中是否尽到了自己的职责，如果是人力不可抗拒因素，则是可以理解的；如果是管理的疏忽或者失职，则需要追究责任。三是对教育主管部门的问责。作为教育行政主管部门，对于高校的发展负有重要的领导责任，如果高校因债务风险造成了国家损失，主管部门自身需承担相应责任。

结束语

在财政收入规模增长空间有限、财政教育投入增速放缓、部分高校背负较大规模债务、且各高校新校区尚未建设完成或尚在启动建设阶段等发展形势下,一方面,教育主管部门必须严格摸透高校财务状况,严格控制高校新增债务申请,严禁高校未经审批自行举债,特别要防止高校向融资租赁公司等机构举借利率和手续费高的债务;同时,也要严控财务状况恶化的高校大肆举债。另一方面,财政部门应当会同教育部门根据教育发展现状,积极为高校向中央争取建设发展资金,同时调整财政支出调整结构,适当向高校新校区建设投入倾斜,解决高校扩大办学规模、提升办学质量的资金需求。此外,针对高校因新校区建设起步晚,大量因新校区建设而产生的债务发生国家集中化债之后,政府部门应根据高校发展的情况,研究安排专项化债资金化解现有高校的存量债务,以有效缓解部分高校发展中亟待解决的实际困难。

参考文献

[1] 曹国亮. 应用型本科院校生均标准成本核算研究——以吉林省××工科院校为例［J］. 吉林工程技术师范学院学报，2015，31（08）.

[2] 车正红. 高校债务风险及其化解［J］. 合作经济与科技. 2016（15）.

[3] 陈群. 我国地方高校教育经费来源比较及优化建议——基于区域差异角度［J］. 中国高教研究，2013（10）.

[4] 陈紫，史秋衡. 美国公立高校经费来源结构变化分析［J］. 教育发展研究，2009（03）.

[5] 杜屏，李宝元. 中国高等教育的成本分担与机会均等［J］. 北京师范大学学报（社会科学版），2007（07）.

[6] 段杰. 省属公立高校负债融资风险的研究［D］. 四川：四川师范大学，2011.

[7] 方晖，彭静. 战略思维下高校收入管理的组织构建［J］. 中国证券期货，2012（09）.

[8] 高升，孙会荟. 高校经费来源结构与财务风险问题研究［J］. 江苏商论，2017（07）.

[9] 郭一平. 高校"生均拨款"制度改革探析——以江苏省为例［J］. 中国管理信息化，2015（09）.

[10] 洪柳. 高等教育机会均等视角下我国高等教育成本分担问题研究［J］. 教学研究，2013（03）.

[11] 江洁. 我国不同层次高校教育经费来源结构研究［D］. 重庆：西南大学，2017.

[12] 姜国峰. 财务成本分担：基于高等教育机会均等的分析［J］.

商业研究，2009（05）.

［13］蒋作斌. 关于解决高等学校负债问题的思考［N］. 中国教育报，2010 - 01 - 27.

［14］李百超. 高校债务风险防范与化解问题研究——兼论高校法律风险管理体制创新［M］. 北京：知识产权出版社，2010.

［15］李海成，崔扬. 关于中国高等教育绩效拨款模式改革的思考［J］. 经济研究导刊，2015（03）.

［16］李雄平，朱家位，黄梅. 高等学校收入的分类及规范化管理［J］. 会计之友，2011（30）.

［17］李勇. 世界一流大学经费来源结构变化分析与启示［J］. 北京教育，2015（12）.

［18］李祖兰，李颂东. 广西高校基建项目投资控制研究［J］. 建筑经济2011（06）.

［19］梁宝嵩. 广西高等教育财政投入问题研究［D］. 广西：广西大学，2017.

［20］刘镍. 高职院校生均教育实际培养成本实证分析与评价——以广西高职院校为例［J］，教育财会研究，2015，26（03）.

［21］陆莹，叶青松. 地方高校经费收入来源的拓展策略研究［J］. 会计之友，2011（29）.

［22］罗序斌. 地方高校新区建设债务风险研究［D］. 江西：南昌大学，2011.

［23］孟卫东. 普通高校贷款建设问题研究［M］. 北京：经济科学出版社，2008.

［24］盛中民. 高校债务风险的分析与评估［J］. 当代经济，2009（18）.

［25］帅相志. 市场经济与中国高等教育体制改革［M］. 山东：山东人民出版社，2005.

［26］孙传辉，王丽艳. 中期财政规划管理的财政收支预测研究［J］. 现代管理科学，2018（04）.

［27］田恒平. 高校债务风险管理中的制度建设［J］. 北京科技大学学报（社会科学版），2012（04）.

［28］田恒平. 中国高校银行贷款的历史沿革［J］. 高教发展与评估，2011（12）.

［29］王永华. 中期财政规划背景下高校预算管理对策研究［J］. 会计之友，2015（24）.

［30］夏中雷. 高校生均培养成本与办学规模关系的定量研究：以江西省属公立普通本科院校为例［M］. 北京：知识产权出版社，2015.

［31］肖碧云. 福建省高校生均财政拨款制度改革研究［J］. 黑龙江生态工程职业学院学报，2018（05）.

［32］谢宝峰，刘金林. 高等院校债务风险的成因及其防范对策研究——以广西壮族自治区为例［J］. 南宁师范大学学报（哲学社会科学版），2019（11）.

［33］许祥云，任奇，梁钢. 地方普通高校经费来源的演变、现状与问题剖析［J］. 中国高教研究，2013（10）.

［34］宣杰，王静，许楠，等. 基于基本办学指标的高校生均培养成本研究——以Y高校为例［J］. 会计之友，2014（19）.

［35］杨阳. 高等教育成本分担与机会均等的探析［J］. 电子科技大学学报（社科版），2013（05）.

［36］姚璐，王汉国. 浅谈中期财政规划背景下的高校校内预算管理［J］. 绿色会计，2016（04）.

［37］叶传财，邹青青. 广西民办本科院校生均教育培养成本的研究［J］. 新教育时代电子杂志：教师版，2015（08）.

［38］袁晓. 中期财政规划下高校预算绩效管理探讨［J］. 会计之友，2016（08）.

［39］张春阳. 固定资产投资效益审计中的关键问题分析［J］. 低碳地产，2016（20）.

［40］张甫香. 江苏高校生均财政拨款制度改革建议［J］. 会计之友，2012（11）.

[41] 张亨明. 高等院校债务风险的成因与防范——以安徽省为例 [J]. 求索, 2015 (11).

[42] 张洁. 高校经费来源趋势分析 [J]. 经贸实践, 2016 (10).

[43] 郑宇. 中国高校教育经费来源结构分析 [D]. 吉林：吉林大学, 2015.

[44] 周正旭. 广东省属高校债务风险管理研究 [D]. 广东：华南理工大学, 2012.

[45] 朱卫卫, 余洁, 焦亮瑜. 高校教育经费中期财政规划编制研究 [J]. 江西理工大学学报, 2016 (12).